1921-2021
厦门大学
XIAMEN UNIVERSITY

厦门大学百年校庆系列出版物

百年院系史系列

厦门大学
环境与生态学院院史

主 编 张明智 李庆顺

厦门大学出版社 XIAMEN UNIVERSITY PRESS
国家一级出版社
全国百佳图书出版单位

图书在版编目(CIP)数据

厦门大学环境与生态学院院史/张明智,李庆顺主编.—厦门:厦门大学出版社,2021.3

(百年院系史系列)

ISBN 978-7-5615-8099-8

Ⅰ.①厦… Ⅱ.①张… ②李… Ⅲ.①厦门大学环境与生态学院—校史 Ⅳ.①G649.285.73

中国版本图书馆 CIP 数据核字(2021)第 043586 号

出 版 人 郑文礼
责任编辑 陈进才
封面设计 李嘉彬
技术编辑 许克华

出版发行 厦门大学出版社
社　　址 厦门市软件园二期望海路 39 号
邮政编码 361008
总　　机 0592-2181111　0592-2181406(传真)
营销中心 0592-2184458　0592-2181365
网　　址 http://www.xmupress.com
邮　　箱 xmup@xmupress.com
印　　刷 厦门集大印刷厂

开本 720 mm×1 000 mm　1/16
印张 14.75
插页 2
字数 256 千字
版次 2021 年 3 月第 1 版
印次 2021 年 3 月第 1 次印刷
定价 50.00 元

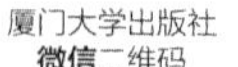
厦门大学出版社
微信二维码

厦门大学出版社
微博二维码

本书编委会

- 顾　问：（按姓氏笔画排序）

　　卢昌义　李　炎　张珞平　陈　光　陈小麟

　　郑文教　洪华生　袁东星

- 主　编：张明智　李庆顺

- 副主编：李　静

- 编　委：（按姓氏笔画排序）

　　王文卿　王新红　王新丽　毛通双　史大林

　　闫俊美　李　羚　李振基　吴　芳　何鸿鸣

　　陈韬澜　林晓燕　郑陈娟　柯晓琳　诸　姮

　　黄水英　黄建珍　黄奕雅　曹文志　潘　燕

总　序

厦门大学 | 党委书记　张　彦
校　　长　张　荣

2021年4月6日，厦门大学百年华诞。百载风雨，十秩辉煌，这是厦门大学发展的里程碑，继往开来的新起点。全校师生员工和海内外校友满怀深情地期盼这一荣耀时刻的到来。

为迎接百年校庆，学校在三年前就启动了“百年校庆系列出版工程”的筹备工作，专门成立“厦门大学百年校庆系列出版物编委会”，加强领导，统一部署。各院系、部门通力合作，众多专家学者和相关单位的工作人员全身心地参与到这项工作之中。同志们满怀高度的责任感和紧迫感，以“提升质量，确保进度，打造精品”为目标，争分夺秒，全力以赴，使这项出版工程得以快速顺利地进行。在这个重要的历史时刻，总结厦大百年奋斗历史，阐扬百年厦大“四种精神”，抒写厦大为伟大祖国所做出的突出贡献，激发厦大人的自豪感和使命感，无疑是献给百岁厦大最好的生日礼物。

“百年校庆系列出版工程”包括组织编撰百年校史、百年组织机构史、百年院系史、百年精神文化、百年学术论著选刊、校史资料与学生名录……有多个系列近150种图书将与广大读者见面。从图书规模、涉及领域、参编人员等角度看，此项出版工程极为浩大。这些出版物的问世，将为学校留下大量珍贵的历史资料，为学校深入开展校史教育提供丰富生动的素材，也将为弘扬厦门大学“自强不息，止于至善”校训精神注入时代的新鲜血液，帮助人们透过“中国最美大学校园”

的山海空间和历史回响，更加清晰地理解厦门大学在中国发展进程中发挥的独特作用、扮演的重要角色，领略“南方之强”的文化与精神魅力。

百年校庆系列出版物将多方呈现百年厦大的精彩历史画卷。这些凝聚全校师生员工心血的出版物，让我们感受到厦大人弦歌不辍的精神风貌。图文并茂的《厦门大学百年校史》，穿越历史长廊，带领我们聆听厦大不平凡百年岁月的历史足音。《为吾国放一异彩——厦门大学与伟大祖国》浓墨重彩地记述厦门大学与全国34个省级行政区以及福建省九市一区一县血浓于水的校地情缘，从中可以读出厦门大学在中华民族伟大复兴征程中留下的深深烙印。参与面最广的“厦门大学百年院系史系列”、《厦门大学百年组织机构史》，共有30多个学院和直属单位参与编写，通过对厦门大学各学院和组织机构发展脉络、演变轨迹的细致梳理，深入介绍厦门大学的党建工作、学科建设、人才培养、组织管理、社会服务等方面的发展历程，展示办学成就，彰显办学特色。《厦门大学校史资料选编（1992—2017）》和《南强之星——厦门大学学生名录（2010—2019）》，连同已经出版的同类史料，将较完整、翔实地展现学校发展轨迹，记录下每位厦大学子的荣耀。“厦门大学百年精神文化系列”涵盖人物传记和校园风采两大主题，其中《陈嘉庚传》在搜集大量史料的基础上，以时代精神和崭新视角，生动展现了校主陈嘉庚先生的丰功伟绩。此次推出《林文庆传》《萨本栋传》《汪德耀传》《王亚南传》四部厦门大学老校长传记，是对他们为厦大发展所做出的突出贡献的深切缅怀。厦大校友、红军会计制度创始人、中国共产党金融事业奠基人之一高捷成的传记《我的祖父高捷成》，则是首次全面地介绍这位为中国人民解放事业做出杰出贡献的烈士的事迹。新版《陈景润传》，把这位“最美奋斗者”、“感动中国人物”、令厦大人骄傲的杰出校友、世界著名数学家不平凡的人生再次展现在我们眼前。抒写校园风采的《厦门大学百年建筑》、《厦门大学餐饮百年》、《建南大舞台》、《芙蓉园里尽芳菲》、《我的厦大老师》（百年华诞纪念专辑）、《创新创业厦大人2》、

《志愿之光》、《让建南钟声传响大山深处》、《我的厦大范儿》以及潘维廉的《我在厦大三十年》等，都从不同的角度，引领我们去品读厦门大学的真正内涵，感受厦门大学浓郁的人文精神和科学精神。

此次出版的“厦门大学百年学术论著选刊”，由专家学者精选，重刊一批厦大已故著名学者在校工作期间完成的、具有重要价值的学术论著（包括讲义、未刊印的论著稿本等），目的在于反映和宣传厦门大学百年来的学术成就和贡献，挖掘百年来厦门大学丰厚的历史积淀和传统资源，展示厦门大学的学术底蕴，重建“厦大学派”，为学校“双一流”建设提供学术传统的支撑。学校将把这项工作列入长期规划，在百年校庆时出版第一辑共40种，今后还将陆续出版。

“自强！自强！学海何洋洋！”100年前，陈嘉庚先生于民族危难之际，抱着“教育为立国之本 ，兴学乃国民天职”的信念，创办了厦门大学这所中国历史上第一所由华侨独资建设的大学。100年来，厦大人秉承“研究高深学术，养成专门人才，阐扬世界文化”的办学宗旨，在实现中华民族伟大复兴的征程上书写自己的精彩篇章。我们相信，当百年校庆的欢庆浪潮归于平静时，这些出版物将会是一串串熠熠生辉的耀眼珍珠，成为记录厦门大学百年奋斗之旅的永恒坐标，成为流淌在人们心中的美好记忆，并将不断激励我们不忘初心继承传统，牢记使命乘风破浪，向着中国特色世界一流大学目标奋勇前行！

张彦　张荣

2020年12月

厦门大学百年院系发展概述

朱水涌

100 年在历史长河中只是短暂的一瞬，但对于一所中国现代大学以及这所大学的学院科系来说，则意味着经历过极不平凡的历程。百年学府沧桑、十秩院系辉煌，为迎接厦门大学建校百年华诞，学校决定编撰出版“厦门大学百年院系史”系列，梳理淬炼院系的建设发展历程，以史为鉴，彰往考来，将院系的昨天、今天与明天联系在一起，发扬踔厉，这是一件极富建设意义与厦大特色的历史性工程。

一

20 世纪初的中国，正如校主陈嘉庚所言：“吾国今处在列强肘腋之下，成败存亡千钧一发。”就在这千钧一发之际，为救国而创办大学成为一道时代的特别风景。马相伯因“慨自清廷外交凌智”而创办震旦学院（复旦前身）[①]，南开大学的创办者因国家的“贫弱”是因为“教育未能发展”而创立南开[②]，唐文治执掌交通大学砥砺第一等人才，目的就是“宏济艰难，救我中国”[③]。厦门大学校主陈嘉庚则在《筹办厦门大学演讲词》中直截了当地指出：“今日国势危如累卵，所赖以维持者，惟此方兴之教育与未死之民心耳。”出自民族救亡而诞生的中国现代大学，在她向欧美学习现代大学的办学时，一开始便融入了民族救

① 《复旦大学百年志》编纂委员会：《复旦大学百年志（1905—2005）》，复旦大学出版社 2005 年版，第 9 页。

② 《南开大学校史资料选》，南开大学出版社 1989 年版，第 12 页。

③ 唐文治：《上海交通大学第三十届毕业典礼训词》，载《茹经堂文集》三编卷一。

亡图存的历史内涵和办学志向，民族振兴的需求与国家最需要的人才，成了中国现代大学初创时学科与专业设置的重要出发点，呈现出中国现代大学鲜明的中国特色。这里，当年的创办者与一校之长的救国思想与办学理念产生了重要作用。

厦门大学创校时期选择的教学体制沿用了近代英国大学学制，但在科系组成与学科设置上却没有完全按英国大学的体制与模式，与民国时期的各大学一样，当时并没有很强的专业观念，而依照时代与国家的急需人才设立科系。厦大建校初期，科系成型时的学科最初形态是文科设 8 个系，理科设 6 个系，工科归理科，其中的教育、工、商、新闻，都是那个危机时代国家急需人才的学科。

1930 年 2 月，在通过国民政府大学院立案后两年，厦门大学遵照国民政府教育部令，将“科”改为学院，设 5 个学院 21 个学系。至此，经过近 10 年的建设，厦门大学具备了较为完备的院系体制，开始以院系这样一种与世界接轨的基本单元建构教学科研体制，开展“研究高深学术，培养专门人才，阐扬世界文化”，厦大的多学科性业已形成。

1929 年，世界经济危机爆发，陈嘉庚公司每况愈下，1934 年 1 月公司被迫收盘。这期间虽然有厦大教职员的半年捐薪活动，有陈嘉庚的“出卖大厦办厦大”惊世壮举，厦门大学的办学经费还是难以为继。在此情况下，厦大及时调整院系结构，以系科合并的方式突围经济上的窘迫，推进学科的艰辛运转。至私立时期的最后几年，全校 5 个学院压缩成文学、理学、法商 3 个学院，21 个系经合并与撤销浓缩为 9 个学系。尽管这种合并是无奈之举，从数字上看办学规模是缩小了，但这次的学科浓缩却无意中为学科的整合、为打破欧美当年系科划分过细的弊端打下了基础。

建校时期厦门大学的院系建设与学科发展，按国民政府大学院调查专家的看法，在全国高校中有“方之他处，有过无不及”①的优势。这一时期，林文庆主持制定的《厦门大学校旨》（以下简称《校旨》）明确指出：“本大学之主要目的，在博集东西各国之学术及其精神，以研究一切现象之底蕴与功用，同时并阐发中国固有学艺之美质，使之融会贯通，成为一种最新最完善之文化。”《校旨》从大学文化的建构出发，鲜明地提出厦门大学办学的理念与目标。与这个理念和目标相联系，厦大初期的院系与学科、专业的建设，有如下几个特点：

---

① 《厦门大学十周年纪念刊》（1931 年 4 月），载《厦门大学校史》第 1 卷，厦门大学出版社 1987 年版，第 94 页。

其一是注重“功用”，“切于实用”，培养国家、民族稀缺人才。《校旨》提出教学“以切于实用，造就应用科学人才为前提”。建校初期，教育学占有举足轻重的位置，原因如《校旨》所言：“我国目下师资及教育专门人才甚为缺乏，故对于教育系特加注意，以期养成良好师资及教育界领袖，因以提高一般教育之程度。”[①]陈嘉庚的信念是“国家之富强，全在乎国民，国民之发展，全在乎教育”[②]，他办厦门大学一个重要的担当就是要纠正当年教育的“偏估”与“颓风”，解决中国教育缺乏新知识新思想师资的问题，以免“国粹日稀，精神日减，必至无救药之惨痛”。厦大商学与工学的较早创设与运行，也都体现了这样一种办学理念。这个特点，奠定了厦门大学从国家需要建设专业发展学科的厚重底色。

其二是博集东西精神、阐发中国学艺之美质、“研究高深学术”的学科特色。厦大成立时，《厦门大学组织大纲》明确表明厦大的三大任务之一是研究高深学术。林文庆在《校旨》中具体指出要建设科学研究机关，厦大要“成为我国南部之科学中心点”[③]；院系体制形成后，厦大各学院在其“学院学则”的第一条“宗旨”中都一致性地提出“以培养专门人才，研究高深学术为宗旨”[④]，这表明厦大建校初期就具备浓厚的学科建设意识。而且，在西学东渐、中西文化激烈论争与冲突的情势下，厦大独到地提出“阐发中国固有学艺之美质”和“首重国文”的主张，这也就形成了厦门大学学科建设中注重本土资源与文化精神的中国特色。文科的国学研究与理科的生物学研究是这方面的范例。1926年创建的国学研究院被认为是“大有北大南移之势”，是当年全国国学研究的中心之一。其影响不仅在于大师云集、研究规划与实际成果，更重要的是厦大国学研究体现了五四时期“重估价值”的精神，它的学科新范畴，研究问题的新方法、新史料和新观点，代表了五四之后国学研究的新趋势。植物系与动物系同样引起全国乃至世界的关注，尤其是结合本土地理优势的海洋生物研究更是锋芒毕露。1923年厦大美籍教授莱德的论文《厦门大学附近之文昌鱼渔业》在国际顶尖科学期刊 *Science* 上发表，成为中国高校最早在 *Science* 上发表的研究成果之一，引起国际学术界瞩目。鉴于海洋生物学科的成果，中央研究院及太平洋科学学会，特别委托厦门大学建立海洋生物研究室。与此同时，

---

① 《厦门大学校史》第1卷，第26页。

② 陈嘉庚：《筹办厦门大学演讲词》，载《新国民日报》1920年11月30日。

③ 《林文庆校长报告》，载《厦门大学民国十年度报告书》，1922年。

④ 《厦门大学一览》（1935—1938年度），载《厦大校史资料》第1辑，厦门大学出版社1987年版，第66页。

厦大的动植物标本的数量与丰富多样在全国领先。

其三是开放性的院系学科构成与人才培养学制。在中国高等教育滥觞时期，中国的大学虽然学的是西方体制，但中国文化原本就缺乏精确细致的分类，对事物不那么条分缕析，而且大学刚刚兴起，很多学科、专业更是因国家需要而设置而存在，大学的一切都在尝试与践行当中，这也就带来了中国现代大学院系学科设置上的开放性。厦大私立时期四次较大的院系变动与学科设置，就可以清楚地看到这个现象。院系设置与专业、学科结构的不断变动，实际上对打破学科体制的僵化是有驱动力的，它为以后厦大百年发展中院系所面临的不断调整、不断改革奠定基础。

在人才培养上，厦门大学"虽为厦门大学，实为世界之大学"[①]，一开始就招收大量的东南亚华侨子女和朝鲜国学生，颇具开放性。这所地处东南沿海一隅的大学却坚持要"使本校之学生虽足不出国外，而其所受之教育，能与世界各大学相颉颃"[②]，除不惜重金聘任国内外特别是世界名牌大学经历的名师学者外，在教学体制上，厦门大学沿用英国近代大学学制，本科修业 4 年，以修满 150 学分(绩点)并通过毕业论文及有关实验为毕业，各院各系实行课程交叉的修课计划，注重了知识结构的多元化。打破课程的专业界限，这样一种强调博集东西学术，打通院系界限学科界限的修学制度，实际上更吻合现代大学的人才培养规律。

厦门大学建校初期 16 年间，其"切于实用"的人才培养方针，"研究高深学术"的学科特色，院系学科结构与教学体制的开放性，不仅是时代的产物，也是百年厦门大学的宝贵珍藏，在百年厦大的院系建设发展中体现了一所名校的潜在发展实力，不仅为厦大创建"世界之大学"目标打下了坚实的基础，而且在学科的发展上为一流学科的发展奠定了先天优势。

二

1937 年 7 月 1 日，私立厦门大学正式改为国立厦门大学。7 月 6 日，国民政府行政院任命清华大学萨本栋教授出任厦门大学校长。7 月 7 日，抗战全面爆发。12 月，日寇兵临厦门，厦门大学内迁山城长汀，坚持在烽火硝烟中办

① 《林文庆先生在中华俱乐部之演说词》，载《南洋商报》1925 年 2 月 2 日。

② 《林文庆校长报告》，载《厦门大学民国十年度报告书》，1922 年。

学，“单独担负铁路线（粤汉铁路）以东国立最高学府的全付责任”[①]，成为加尔各答以东最逼近战场的学府，肩起中国高等教育的东南半壁江山。由此开始到 1949 年新中国成立，这是厦门大学的国立时期。

抗战时期，在极其艰难困苦的条件下，萨本栋校长抱着“在艰危中”“不负嘉庚先生毁家兴学及政府将厦大收归国立之至意”的意志[②]，以自己的未雨绸缪和身体力行，推进拓展厦门大学的院系与学科建设，赢得了战争中“国魂所托的事业”[③]的重大发展。

作为坚守在战区的最高国立学府，在战争中自觉担负起为战后的祖国建设培养与储备人才的使命，这成了厦大院系与学科建设的出发点与目的地。萨本栋说：“吾人应知此次战争，关系数千年固有文化之持续，将来永固国基之奠定者至巨。”[④]置身残酷的战争中，厦大想的是战后建设所需的大量“永固国基”的人才。据当年的新闻媒体报道，厦大筹备设立水产研究室，是为了“战后东南沿海水产研究之总枢”[⑤]；增设外国文学系与法律系司法组，“以应目前全面反攻及将来建国之需要”[⑥]。

这种穿透硝烟的未雨绸缪，更体现在厦门大学工科院系的创设与发展上。厦大工科开始于 1922 年，在 1930 年科改系后，工科已悄然消失。萨本栋来自清华大学，自己又是著名的电机专家，他对工科建设既熟悉又有主见，从战后建国的急需出发，工科人才显然要比其他学科人才需求更迫切、需求量更大，萨本栋决定补齐厦大学科上的工科短板。

1938 年 7 月，厦大创设土木工程系，到 1941 年秋季，萨本栋校长就很自豪地说：“现在土木系设备，固尚未达到我们理想的境地，但教师则已充实到可以与国内任何大学相颉颃。”[⑦]这个科系，为战后中国大规模的基础设施建设培养了大批人才。1940 年秋季，在土木工程大力扩展的同时，萨本栋又创设机电工程系。机电工程系创立后，理学院扩充为理工学院。1944 年 4 月，创建航空工程系，厦大成为全国最早开办航空专业本科教育的少数高校之一，培

① 《萨本栋开学词》，载《厦大通讯》第 3 卷第 10 期，1941 年 10 月 25 日。

② 萨本栋：《勖勉同学词》，载《唯力》旬刊第 3 期，1938 年 4 月 3 日。

③ 萨本栋：《勖勉同学词》，载《唯力》旬刊第 3 期，1938 年 4 月 3 日。

④ 萨本栋：《“七七”二周年纪念与节约运动》，载《唯力》第 2 卷第 7/8 期合刊，1938 年 7 月 7 日。

⑤ 《母校设立水产研究室》，载《厦大通讯》第 6 卷第 1 期，1944 年 3 月 31 日，

⑥ 《厦大增设外语、司法等系组》，载南平《东南日报》1945 年 8 月 4 日。

⑦ 《萨本栋开学词》，载《厦大通讯》第 3 卷第 10 期，1941 年 10 月 5 日。

养出像中国工程院院士张启先这样一批优秀的中国早期航天航空专家。

1945年12月厦大复员厦门，汪德耀已接掌厦大。这期间院系与科建设的最大事件是1946年夏季海洋学系与中国海洋研究所的创办。海洋学科创立于天时地利人和之中：抗战胜利后海洋与海权重要性凸显，复员厦门后的东南沿海地理环境优势，校主陈嘉庚“力挽海权，培育专才”的誓言与著名海洋学家唐世凤博士的加盟，共同促成了中国第一个海洋学系诞生，同时，厦大与中英文教育基金会合办的中国第一个海洋研究所也在厦大成立，厦大的海洋观测站也获准设立。由此，厦门大学在全国率先开始了“谋中国海洋科学事业之发展”“研究与教育并重”的造就培养海洋人才的行动。

国立时期文科的发展以复办法学为主要标志。厦大的法学，最早创立于1926年6月，1937年改归国立后，法律系奉命撤销，法学学科停办。到1940年，由于国民政府教育部不同意建立福建大学，并将已经开学的福建大学法学院并入厦门大学，这样，战火中的厦大法学学科就在接收福建大学法学院的契机中复办起来。

在人才培养理念与培养模式上，萨本栋取的是美国芝加哥大学的通识教育思想和从清华带过来的通识教育理念，遵循梅贻琦的“通识为本，专识为末”[①]教育思想制定校制、设置课程，实行强化通识基础与打通学科界限的修学制度，实施教授全力上课制度。他要求即使在战争中，也要坚持“未到‘最后一课’的时候，应加紧研究学术与培养技能”[②]，他提出，“现在不是个推诿责任的时代”，“需一身肩负二人之重任，一日急二日之操作”[③]，以不辜负陈嘉庚先生的期待，不辜负国家事业所托。比如新成立的机电工程系系主任李家炘教授，据统计最高一学期每周上课达81课时，每周最高达1725人时。这时期的厦大学生则“把战区当课堂，把笔杆当枪杆”，越是艰难越是坚韧学习。在1940年与1941年国民政府教育部举行的两次专科以上学生学业竞赛中，获奖总数与获奖系数的比例评定，均名列全国第一。

从抗战全面爆发到复员厦门，在极其艰危的战争环境与艰苦的复员中，厦门大学的院系建设不仅没有停顿，而且还得以有力扩充，院系规模与学科发展都有历史性的突破，多科性大学已然向综合性大学迈进，也因此开始确立厦门

---

① 梅贻琦：《大学一解》，载《清华学报》第13卷第1期，1941年4月。

② 萨本栋：《勖勉同学词》，载《唯力》旬刊第3期，1938年4月3日。

③ 萨本栋：《“七七”二周年纪念与节约运动》，载《唯力》第2卷第7/8期合刊，1939年7月7日。

大学位居全国高等教育前列的位置。更重要的是这一时期积淀下来的办学精神，那种由战争烽火淬炼出来的自强、坚韧与艰危中担当重负的使命感，为厦门大学的发展积累了一份极宝贵的精神财富。

三

1949 年 10 月 1 日，中华人民共和国成立，人民当家做主的时代开始。10 月 17 日，厦门解放，厦门大学迎来了办学史上的新纪元。1949 年 10 月 21 日，中共厦门市委在厦大建立中共厦门大学支部。不久，在原有基础上设立中共厦门大学党组。1950 年 5 月，中华人民共和国政务院任命著名经济学家、曾任厦门大学法学院院长的王亚南为厦门大学校长。

1952 年 6 月，中共福建省委派 15 名党的干部到厦大，7 月，中共福建省委决定程璐任中共厦大临时党委书记，党在学校的领导得以体现与加强；1953 年 1 月，厦门大学成立校务委员会，标志着学校由“校长负责制”开始向“党委领导下的校长负责制”过渡。这一年，符合条件的科系先后成立党支部。1955 年 1 月召开中共厦门大学第一次代表大会，成立中共厦门大学党委会，之后，各系先后建立系党总支，直到 1999 年校院二级管理体制改革时，党总支、党支部为厦门大学各科系的最直接领导，保证科系建设与学科发展的正确方向和健康发展。

新中国成立后，在东西方意识形态冷战的背景下，中国大学放弃对西方欧美的学习，而强调向“苏联老大哥”学习。1952 年，中央提出高等教育“发展专门学院和专科学校，整顿和加强综合大学”的方针，并学习苏联高校模式，进行大规模的院系调整。从 1952 年到 1955 年底，厦门大学在调整中从多学科大学向文理科综合大学转变，被确定为华东四所综合性大学之一。

1952 年 8 月，一年前刚刚由省立并入厦大并改名的厦大农学院奉命与福州大学农学院合并为福建农学院；9 月，厦大海洋系一分为三，厦大航海专修科与集美水产商船专科合并成立福建航海专科学校，之后再分别归入大连海运学院与上海海运学院；海洋系理化组并入山东大学，与山东大学海洋学科建立海洋系，发展为山东海洋学院，即后来的青岛海洋大学；为保存厦大发展海洋学科的力量，厦大成立海洋生物研究室，将海洋生物组的骨干教师与标本留在厦大，聘郑重教授为研究室主任。1953 年 7 月，厦大又奉命将工学院的土木、电机、机械 3 个系及土木专修科调整到浙江大学、南京工学院和华东水利学院，将企业管理并入上海财经学院，法学院归入华东政法学院。1954 年 7

月，厦大教育系调整到福建师范学院；8月俄语专修科部分师生并入南京大学。

在此调整中，厦门大学文理科也有所壮大。1951年私立福建学院的政治、法律、经济归并到厦大。1952年福州大学财经学院的会计、贸易、财金、统计、企业管理5个系并入厦大财经学院，并增加贸易专修科。1953年，福州大学文理两院的中文、外文、历史、数学、物理化学、生物学6个系也奉命并入厦门大学。1955年，厦大奉命停办统计、会计、财金、贸易4个系，改在经济系之下设政治经济学、统计学、会计学、货币与信贷、贸易5个专业。

从历史现场上看，大规模院系调整是新中国改造旧教育制度、建立新教育体制的战略措施，这是中华人民共和国教育史上一个重要事件。这场调整既为厦大文理科综合大学模式打下基础，也一定程度上削弱了厦大综合性大学的实力，厦大一些经营多年而形成厦大特色的院系、学科被调整出去，充实其他高校乃至成为新学校成立的基础。厦大在为国家做出贡献的同时，也造成基础学科与应用学科的相互分离，综合性大学学科交叉渗透的优势也受到一定的损失。

院系调整后，苏联高等教育的专业制度也随之取代了中国大学的院系体制。新中国成立之前的大学一般只设学科不设专业，学科业务范围要比专业宽阔，但专业有利于针对性培养专门人才，培养目标十分专一。为贯彻专业人才培养目的，厦门大学院级建制最后被正式撤销，实行以系为教学单位，系内设若干专业，形成按专业培养人才的办学模式。到1958年，全校设8个系16个专业，并设16个专门化科目。

这一时期，教育部确定厦门大学发展方向为“面向东南亚华侨，面向海洋”，要求各专业各教研组加强与南洋、台湾、海洋及本地特点有关的各种问题研究。王亚南校长对厦大的综合性大学也提出新的目标定位，他说：“今天我们所在的学校是个综合性大学，不是工业大学、农业大学，而是综合性大学，不同地方是培养目标不同。工农科培养工农业所需技术人才，师范培养教师，综合性大学主要是培养研究人员，科学研究人员。”他对学生说：“你们将来就是要培养成为科学家。”[①]这样的办学方向与文理综合性大学的形成，明确指明科学研究是厦大办学的重要任务，学科建设水平成为办学水平的重要表现。

由此，在那个以专业为主的发展时期，厦门大学依然将研究机构建设与学科建设发展当成院系建设的重要内容。

---

① 王亚南：《怎样做一个大学生》，录自厦门大学校办档案56-11。

王亚南校长抵达厦大后，首先恢复和建立研究机构，成立了经济研究所、化学研究所和南洋研究馆(1963 年升格为教育部部属研究所)、人类博物馆，文科理科各学院普遍成立研究室。这时福建研究院社会科学研究所也奉命归并厦大，充实了厦大文科主要是经济学科的研究实力。

这一时期，经济学科开始成为全国的翘楚学科。从 1946 年王亚南的《中国经济原论》研究被誉为“中国式的《资本论》”开始，厦门大学“以中国人的资格研究政治经济学”的独特学派开始形成。1950 年王亚南执掌厦大后，建立厦大财经学院，创办全国第一个经济研究所，这是当年全国高校最新经济学教学科研建制。院系调整中财经学院被撤销。1958 年 9 月，中国经济问题研究所成立，并创办中国第一家全国性经济学刊物《中国经济问题》。这个时期，经济学各学科研究全面展开，在《资本论》研究、社会主义所有制研究、会计、统计、财政学方面的研究，成绩斐然，为全国瞩目，奠定了经济学迈向一流学科的坚实基础。

化学为厦大理科中最早的学科之一，展示着一流学科的形象。1939 年，傅鹰博士受聘厦门大学并任教务长兼理学院院长，他给厦门大学带来了化学正在从经典的统计热力学深化为理论化学、结构化学的最新发展信息与理论，从而让厦大化学学科及时捕捉到量子化学、量子力学的发展，跟上世界潮流。自此，化学学科的发展呈现云帆济海之势。新中国成立后，催化的研究与应用、海洋化学分析成果显著，电化学研究、物质结构研究、有机物电极、电分析和有机物点解制备也都在学术界崭露头角。1972 年，蔡启瑞教授与唐敖庆、卢嘉锡两教授联袂承担国家重大基础理论研究课题化学模拟生物固氮研究，与国际同步攻关世界理论难题，成果受到国际同行的赞赏。这个时期的厦大化学，已具备国内一流、国际具有重要影响的学科声望。

除此，海洋生物研究，生物系在金定鸭研究及北京鸭与金定鸭的杂交研究，半导体物理、半导体化学、植物生物学以及数学等方面的基础理论研究，都有全国性影响。理科各系与福建省其他单位联办建立的 8 个新的研究所，有效地促进了厦门大学科学研究与地方建设的紧密结合，拓宽了厦门大学科学研究的思路与途径，这也说明了成为文理综合性大学的厦门大学在学科建设上的明显进展。

从 1949 年新中国成立到 1966 年“文化大革命”爆发，厦门大学与全国高校一样，经历过“整风运动”、“教育大革命”和“大跃进”高潮，作为面对两岸对峙炮火中海防前线大学，社会主义的办学方向和党在学校中的领导地位更加明确与坚定，在人才培养与科学研究上探索前进，书写出新中国高等教育的新篇章。1963年9月12日，教育部以〔63〕教厅秘字第178号文件，将厦门大学定位全国重点大学，“这是国家对厦门大学几十年来办学成就的充分肯定，从教育体制上明确地确立了厦门大学在全国教育事业中的重要地位”①。

1966年到1976年“文化大革命”运动期间，厦门大学与全国高校一样，遭受空前的洗劫。这是中国高等教育发展史上一次挫折和重大教训，经历过这样的风雨，拨乱反正之后，厦门大学的院系与学科建设自有空前的发展。

四

1976年10月6日，党中央一举粉碎“四人帮”；1977年9月，全国恢复高考制度，1978年2月，教育部恢复厦门大学为全国重点大学。1981年10月，厦门被国务院确立为中国四个经济特区之一，身处中国经济特区的国家重点大学，厦门大学被历史推向了改革开放的前沿，学校逐渐顺利走向“党委领导下的校长负责制”的领导体制中，院系建设发展进入一个崭新的历史新时期。2000年之后，按照校院二级管理体制改革，各学院建立学院党委，建立并逐步完善学院党政联席会议制度，厦门大学院系建设得到空前发展。

至2020年，改革开放中的厦门大学全校已建有30个学院16个研究院，展现出门类齐全、学科强劲、专业特色明显、布局合理的整体风貌。依据院系建设与发展的历史，以1995年启动“211工程”为界，整个42年的改革开放可分为两个时期：1978年至1995年为恢复与快速发展时期；1995年之后伴随着国家“211工程”、“985工程”、创建“双一流”建设，厦门大学院系建设进入跨越式发展时期。

1978年春天，当恢复高考制度后的第一届大学生走进厦大时，厦大共设有10个系29个专业，这些系与专业还只是集中于自然科学与人文社会科学的基础理论学科，基础雄厚，但面对世界新技术革命浪潮的兴起和新时期党与国家工作中心转移到社会主义现代化建设和改革开放上，尤其是经济特区和沿海开放城市、经济开发区的设立，原本的科系已经不能很好地适应新形势的需要，于是，学校大胆突破文理结构框架，调整学科与专业设置，大力充实、改造、复办老专业，增设一批新学科，优先创办一批涉外专业、应用科学和应用技术专业，开展边缘新兴学科研究，迈步向文理渗透、多学科组成的综合性大学

① 厦门大学档案馆、厦门大学校史研究室编：《厦门大学校史》第2卷(1949—1991)，厦门大学出版社2006年版，第142页。

方向发展。

其一，以“起点要高，起点要新”的要求，创办一批新专业，集中在涉外、经济管理、新兴交叉学科与新技术专业。到1995年，全校已发展到26个系61个专业，突破长期以来保持的文理财经综合性大学格局，形成了包括智能科学、技术科学、人文科学、社会科学、管理科学、教育科学在内的多学科、结构比较合理、内容比较先进的学科体系。

其二，开始恢复学院建制。专业增多后，科、系不断发展，从管理与学科建设出发，开始逐步恢复学院建制。在20世纪80年代初期，先后成立经济学院、政法学院、全国综合性大学的第一个艺术教育学院、技术科学学院，其中技术科学学院的成立既带有复办工科的动机，更是以为国家培养急需的大量科技人才为目标，着重造就工科与理科相结合、交叉的学科的开创性人才。学院作为学校派出机构，具有一定自主权。

其三，以长远的战略眼光，充实、更新老专业。如20世纪70年代复办海洋系。在1952年的院系调整中，厦大将海洋系一分为三，用建立海洋生物研究室的名义战略性留住了海洋生物学科的骨干师资与教学标本，这使得厦大在1962年前后依然成为我国海洋科学的重要基地之一。海洋系虽然不再存在，厦大理科其他系却增设了海洋物理、海洋化学和海洋生物等新的专业、专门化，各系与华东海洋研究所密切配合，共同进行了26项海洋科学研究，成果引起国外学术界注意，《美国科学界对中国科学的看法》一书也提到厦大海洋科学研究的情况。复办后的海洋系，采取少招本科生、多招研究生、重拳科研、提高质量的策略，开展学科建设，并增设海洋水文气象和海洋地质地貌两个专业，为海洋系成为全国一流学科打下了坚实良好的基础。

1995年，厦门大学进入国家“211工程”行列；2001年，被列入国家“985工程”重点建设高校；2017年，入选国家A类“双一流”建设高校。在中国教育从教育大国走向教育强国的历史进程中，厦门大学的院系发展与学科建设，实现了跨越式发展。

1999年3月，全校深化校内管理体制改革，开始实行校院二级管理，学院建制全面铺开，各学院按照学院办大学的发展趋势，遵循“优化结构、强化内涵、扶优促新、鼓励交叉”的原则推动学科与专业建设，从1995年到2020年，全校共设置30个学院16个研究院，新增52个专业，撤销4个专业，调整18个本科专业，最终设置本科专业99个，涵盖文学、哲学、历史学、法学、经济学、管理学、理学、工学、建筑学、医学、艺术学等11个学科门类，以学科为支撑，打造一批定位明确、管理规范、改革成效突出，师资力量雄厚、培养质量一流的院系与专业群；全校有17个国家级特色专业，2个国家级人才培养模式试验区，2个国家级专业综合改革试点，3个专业入选教育部基础学科拔尖学生培养计划，24个专业13个项目入选教育部卓越人才培养计划。

这个时期，也是厦大研究生教育的大发展时期。1986年9月，国务院批准厦大试办研究生院；1996年3月，厦大正式获准设立研究生院；2018年，厦大成为全国首批20所学位授权自主审核单位之一。至2020年，全校共设有32个博士后流动站，36个一级学科博士学位授权点，45个一级学科硕士授权点。研究生院的建设与发展，推动了厦大研究生教育的空前发展，也更紧密地将厦门大学的学科建设与学院建设融为一体。

学科作为高校实施科研、教学活动和集聚人才的最基本的单元，是学校根本性的基础建设，也是院系建设发展的基础与支撑。这个时期，凭借国家"211工程"、"985工程"建设和创建"双一流"的支持，院系以学科为支撑，以学科建设为重心，凸显了学科建设的基础性与关键性。

其一，以学科建设为支撑为龙头，整合组建符合学科发展和拓展创新学科建设的学院，优化学科布局。如整合厦大早期传播和研究马克思主义与当代马克主义教学研究的资源，成立马克思主义学院，设立"985工程"重点学科"马克思主义理论"、"211工程"三期国家重点学科"中国特色社会主义理论与实践"建设项目，与中共福建省委宣传部合作共建"厦门大学中国特色社会主义理论体系研究与培训基地"，加强学科建设，建设国内高水平的马克思主义理论学术创新基地。如整合全校电子工程、电子科学、微电子与集成电路、电磁声等相关学科，组成电子科学与技术学院，入选国家示范性微电子学院；整合软件学院、物理科学与技术学院、计算机与信息工程学院相关资源成立信息学院；将公共事务管理学院的社会学系与人文学院的人类学系组合成社会与人类学院，更准确对应国际学科范式；而像数学科学学院、国际关系学院、台湾研究院、教育研究院、萨本栋微米纳米科学技术学院，则是应对历史与国家的需求，在学校原本的优势或特色学科基础上建立起来的学院。其中数学与应用数学为国家级一流专业、国家一类特色专业、国家理科数学与应用数学基础科学研究和教学人才培养基地，入选国家基础学科拔尖学生培养试验计划；台湾研究院入选国家高端智库试点建设、培育单位。以教育部人文社科重点研究基地会计发展研究中心和国家重点学科工商管理为依托，整合MBA和EMBA、会计系、工商管理系、管理科学系与旅游管理专业组成管理学院，很快使管理学院成为中国最具竞争力的十大商学院之一。工商管理、会计学、财务管理和电子商务4个专业入选国家一流本科专业建设点，在2017年教育部公布的全国第四轮学科评估中，工商管理一级学科获评A类学科，经济学与商学进入ESI全球前1%行列。

其二，以大学科理念、通过国家人才培养基地和重点学科的依托带动，推进院系与学科的建设发展。1999年校院二级管理体制改革伊始，学校就开始推行大学科的学院建制理念，文、史、哲3个系6个一级学科，以国家文科历史学基础科学研究和教学人才培养基地与国家重点学科中国经济史为带动，组建人文学院，力图打通文史哲，"研究高深学问"和培养人文学科精英人才。以大医科理念，整合生命科学学院、医学院、药学院、公共卫生学院等力量，推进学科交叉融合，构建医、教、研有机融合的医科教育体系。2018年和中国卫生信息与健康医疗大数据学会共同建立医疗健康大数据国家研究院，汇聚理、工、医及社会科学十几个学院的教师与研究团队，通过自主创新和跨学科合作，产生一批国内外领先的具有良好产业转化价值的一流研究成果，凸显大学科整体的优势。

在大学科建设与学科协同创新中，由厦门大学牵头，与复旦大学、中国社会科学院台湾研究所、福建师范大学共同建设的国家协同创新中心"两岸关系和平发展协同创新中心"，由厦门大学、复旦大学、中国科学技术大学和中科院大连化物所为核心层，组建的国家级协同创新中心"能源材料化学协同创新中心"，都体现出大学科、跨学科与跨越部门、学校的创新优势。2018年12月，国家自然科学基金委依托厦门大学建设"国家天元数学东南中心"，该中心由数学科学学院牵头，联合5个省14所高校为共建单位，更是以大学科、大组合、大跨越的组织形态呈现出构建一流核心竞争力的重要举措。

其三，发挥优势，打造国内领先、国际一流的高峰学科，是这一时期厦大院系建设与发展水平最基本也是最重要的成果之一。目前厦门大学有理论经济学、应用经济学、工商管理、化学、海洋科学5个国家一级重点学科，另有25个国家二级重点学科，分布在经济、管理、化学化工、数理、海洋与地球、生态与环境、法学、高等教育、生命科学、人文等学院。另有化学、工程学、农学、社会科学、计算机科学、分子生物学与遗传学、微生物学、药物理与毒理学、地学、物理学、经济学与商学等18个学科在ESI全球排名前1%；17个学科在QS世界大学学科排行榜上有名，上榜数居中国大陆高校第12位；37个学科登上软科世界一流学科排行榜，上榜数居中国大陆高校第8位。2017年，化学、海洋科学、生物学、生态学、统计学入选国家"双一流"建设行列。

当我们对厦大100年的院系发展做出梳理后，我们会发现，厦大百年院系的历史脚步，实际上是伴随着100年来中华民族伟大复兴的风云变幻与中国高等教育的命运嬗变而砥砺行走的，它走的是一条从小到大、从少到多、从大到强的历史发展脉络，一条是院系建设与学科发展紧密融合的道路，一条是国际竞争力和整体实力不断提升的道路。百年院系不断调整不断演化的进程，也就是百年学科不断变革不断创新的历程，这里有成功的喜悦，也有挫折的教训，有起伏的艰辛，也有前进的欢笑，但无论在什么时候、在什么样的空间里，都向着校主陈嘉庚先生提出的“世界之大学”目标前行，都沿着“与世界各大学相颉颃”的意志行进，都朝着“中国特色，世界一流”的憧憬踔厉奋进。

五

“厦门大学百年院系史”系列的编撰出版，是各院系向厦门大学百年华诞献上的一份礼物，她以100年来各个学院、研究院的学科发展、专业建设、院系在时代中变动的脚步为主要内容，呈现不同历史时期南方之强的个性与风采。目的在于总结经验，传承命脉，弘扬自强不息、止于至善精神，激励“双一流”建设，为厦门大学与中国高等教育留下一份珍贵的历史叙述。全校共有35个院系、研究院及厦大出版社参加了这个规模空前的编写工程。每部院系史主要包含以下内容：

一、历史的脚步。这是全书最主要的叙述，它通过对院系的历史梳理，描述出在各个历史时期的发展脉络与特征，客观呈现各学院发展进程中的主要事件，重点叙述以学科建设、人才培养为重心的发展变化、主要特点和成就，以及行政管理、社会服务上的变更发展。

二、党政管理。叙述院系党的建设情况，行政机构的变更，历任党、政领导等。

三、学科发展。叙述院系学科建设发展的轨迹与特色、地位与成绩，包括博士授权点、硕士授权点介绍及其人才培养特色，研究基地、研究所、中心介绍及其工作特色，重点实验室介绍及其工作成就，对外交流成果等。

四、教学成果。阐述院系在人才培养与教学教育中的发展嬗变，包括专业设置、课程体系、精品课程与教改项目、教学成果奖、特色专业与创新试验区、教学团队、教材建设、人才培养基地、创新创业教育等内容。

五、学术成就。配合学科建设的发展，叙述学术上的做法与成就，包括获奖学术成果、主要著作与论文、主要研究课题。

六、附录：院系大事记。

这是一项具有长远意义且严肃的工作，学校要求各院系在编撰中坚持正确的政治导向，突出与中国共产党同龄的厦门大学教育救国、教育兴国、教育强国的历史步点；重点叙述与提炼各学科、各专业及人才培养的发展与成就，彰显学术大师和著名校友的贡献；历史须客观叙述，要求准确无误有根有据，尽可能追根溯源，填补漏缺，还原历史，强调学术传承。但历史的写作须经千锤百炼，百年院系历史的叙述需要长期的淬炼，今天打开的这个脚步，难免深浅不一，难免有疏漏之处，还有许多需要打磨甚至勘正的地方，还请各位读者批评指正。

全校的百年院系史系列编撰工作在2019年的春天启动，历时两年的时间，在厦门大学百年华诞到来之际，终于与厦大人、与各方读者见面了。当各院系的撰写者在各自的历史隧道中搜寻攫微、考辨记载而写出自己的院系历史的时候，实际上是在对一个学科、一个院系的过去与今天的研究梳理，也是与明天的一个重要联系与启示。相信经过这次院系史的研究编写，各学院各学科将会以史为鉴，以更宏伟的规划更准确的定位更实在的工作，在党的坚强领导下，向着“中国特色，世界一流”的建设方向，奋力推进厦门大学院系建设与学科发展。

2021年3月12日

前　言

1921年，被毛泽东誉为“华侨旗帜，民族光辉”的校主陈嘉庚先生怀抱“教育为立国之本，兴学乃国民天职”的信念，创办了厦门大学，期待其“为吾国放一异彩”。

次年，厦门大学生态学科的前身“动物学”和“植物学”创立。1982年，厦门大学环境学科创立。

筚路蓝缕，斗转星移。回望历史，老一辈生态学科、环境学科的科学家、教育家，在厦门大学“爱国、革命、自强、科学”精神的感召下，始终践行“自强不息，止于至善”的校训，潜心科研、培育英才、开拓创新、硕果累累。他们胸怀祖国的爱国情怀、勇攀高峰的创新精神、追求真理的求实风范、潜心研究的奉献精神，成为一代又一代青年学子学习的榜样，在两个学科的发展史上树立起一座又一座丰碑。

2011年3月，顺应国家生态文明建设大趋势，厦门大学根据建设“世界知名高水平研究型大学”需要，基于环境学科和生态学科的悠久历史和深厚积淀，为促进学科发展，优化学科布局，在原海洋与环境学院环境科学与工程学科和生命科学学院生态学科的基础上，组建了环境与生态学院。

学院成立十年来，紧紧围绕“立德树人”根本任务，坚持深化改革创新，加快推进“双一流”建设，各项事业蓬勃发展、欣欣向荣。2017年，生态学科入选国家“双一流”建设学科。根据“科学引文索引”基本科学指标数据库（“Web of Science” Essential Science Indicator）统计，2020年，厦门大学环境与生态学科ESI排名位居全球前0.419%。

此次，在学校百年院系史编纂组的指导下，学院院史编纂组以史料为基础，系统梳理我校生态学科和环境学科的发展历史、阶段特点，凝练总结各个历史时期办学治学的基本经验，倾注大量心血，编写而成《厦门大学环境与生态学院院史》。期间，编撰工作得到了校内外有关部门、学院教师和校友的关注和支持，特别是很多老领导、老教师提供了许多珍贵的历史资料和照片，提出了很多宝贵的意见和建议。让我们特别感动的是，袁东星老师不仅对院史编写工作给予悉心指导，而且数次逐字逐句通读院史，每次均提出具体、深刻的修改意见。在此，向所有给予我们帮助和支持的部门、老师致以最衷心的感谢！

百年南方之强蒸蒸日上，十年木铎金声薪火相传。2021 年，厦门大学将迎来百年华诞，环境与生态学院也将迎来建院十周年，编印此书，追本溯源，既是献礼，也是激励，激励鞭策全院师生在新的征程中，紧跟时代脚步，牢记初心使命，加快推进“双一流”建设，为美丽中国和全球生态文明建设贡献厦大智慧、厦大力量！

《厦门大学环境与生态学院院史》编委会

2021 年 1 月

目录

content

第一章 历史的脚步

第二章 党政机构及历任领导变迁

第三章 学科发展

第四章 教学成果

第五章 学术成就

第一章
历史的脚步

第一节　闻名遐迩　源远流长(学科创办至1977年)

厦门大学生态学科的历史,可追溯至1922年校主陈嘉庚先生亲自设立的动物学和植物学学科。

厦门大学成立伊始,陈嘉庚不惜重金从世界各地聘请知名教授来厦门大学任教。动物学家莱德(S. F. Light)、秉志和植物学家钟心煊、钱崇澍等的到来,为厦门大学动物学和植物学的发展奠定了基础。

图1-1-1　左图:第一任动物学系主任秉志(来源:中科院动物所网站)
右图:第一任植物学系主任钟心煊(厦门大学生命科学学院　供图)

1923年,应聘来校任教的美籍动物学家莱德(1922—1924年在校任教)在考察厦门海岸潮间带动物分布时,发现厦门岛附近的刘五店海区盛产文昌鱼(*amphioxus*),渔民以捕捞文昌鱼为生。文昌鱼是脊椎动物演化的活化石,世界罕见。同年,莱德在美国*Science*杂志(Vol. LVIII,No. 1491. pp. 57-60)发表了《中国厦门大学附近的文昌鱼渔业》一文。此文一出,厦门海区遂以盛产文昌鱼而著名,厦门大学也以研究文昌鱼而蜚声海内外学术界。

1926年,著名动物学家秉志任厦大动物学系主任。当年,动物学系完成了"厦门岛附近海洋动物的采集和分类研究""昆虫的调查与研究""中国白蚁种类的研究""福建林业的研究"等课题。1926年冬,动物学系与植物学系联合创办生物材料供应所,广泛采集海洋、淡水及陆地的生物标本,供应国内外科研院所,成为当时全国生物标本的主要供应地,为推动生物科学的发展贡献了力量。

1933年秋，动物学、植物学两系合并为生物学系，下设动物学、植物学两组，由陈子英任系主任，后因陈子英调任理学院院长，由林绍文接任系主任。

1933年，太平洋科学协会年会报告指出："厦门大学……其近海的生物馆和便于进行分类学、生物学、生态学等研究用的实验室和图书室，使该所大学可以与欧美诸优等海洋研究所媲美。……厦大植物组除搜集有众多的隐花植物外，其高等植物标本室也是中国国内规模最大的一个……"

1935年，金德祥到厦门大学工作，他率先在我国开展海洋硅藻的温、光、盐生态研究，为我国海洋浮游硅藻分类和生态学研究奠定了坚实的基础，同时他也对文昌鱼进行了全面深入的研究。

1937年，抗日战争爆发，厦门大学内迁长汀山城。生物学系安顿在长汀县孔庙的前廊，讲课、实验、野外考察、标本采集等都照常进行。

1939年，张松踪于厦门大学动物学系毕业后留校任教，早期从事海洋浮游桡足类研究，从1958年开始进行家鸭生物学基础理论研究及遗传育种工作，提出家鸭杂交起源的新见解，成功选育出高产蛋鸭品种金定鸭。

1947年，郑重回国任教，从事海洋浮游生物学的教学和研究工作，特别是对海洋浮游甲壳类(桡足类、樱虾类和枝角类)的研究，为中国海洋浮游生物学的创建和发展以及近海渔业资源的开发利用作出了贡献。此外，他还开展了海洋污损生物的生态、海洋鱼类的食性和海洋浮游生物的生态系研究，促进了中国海洋生态学的发展。

1951年，何景到厦门大学任教，开创福建省植物分类、植物生态研究的新时期，成为福建省植物生态研究的先驱。同年，何景在《中国科学》上发表了《福建之植物区域与植物群落》。此后，南靖和溪雨林成为厦门大学生物学系的教学科研基地。1955年，何景的《从福建南靖县和溪雨林的发现说到我国东南亚热带雨林区》一文发表，提出了南靖和溪森林具有雨林结构特征，为后来中国植被的区划中划分南亚热带和中亚热带的理论奠定了基础，丰富了常绿阔叶林的理论。随后，他对其植物区系和群落结构进行了长期跟踪调查。1957年，何景在《生物学通报》发表了《红树林的生态学》，以独到的眼光注意到了中国的红树林，为厦门大学的红树林研究奠定了基础。1958年，何景组织了三叶橡胶的抗寒生理生态研究。1959年，他编写出版的《植物生态学》成为当时高校的通用教材。

1954年，植物形态学家严楚江、赵竹韵来校任教，以严楚江为主任组成植物形态学教研组，在花果形态解剖方面进行了系统研究，著有《孢子植物形态学》《花果形态学》《厦门兰谱》等著作。

1955 年，曾定发表了《满江红繁殖与固氮能力的生态学研究》一文。

20 世纪 50 年代中后期，黄厚哲应用同位素示踪法研究了海洋生态系统、淡水生态系统的放射性物质转移规律。

1961 年，林鹏对南靖和溪南亚热带雨林的分布、名称、结构等进行了深入研究。

1971 年，著名寄生动物学家唐仲璋加盟厦门大学，并成立了寄生动物学研究室。

至 1980 年左右，厦门大学动、植物两学科已经为国家培养出许多杰出的动物学和植物学人才。如：鱼类学家、中国科学院学部委员（中国科学院院士）伍献文（1927 届），藻类学家、中国科学院院士曾呈奎（1931 届），药用植物学家、中国工程院院士肖培根（1953 届），寄生动物学家、中国科学院院士唐崇惕（1954 届），鱼类学家、中国科学院院士陈宜瑜（1963 届）。

第二节　筚路蓝缕　自强不息（1978 年至 2011 年）

一、生态学科

经过几代人的努力，厦门大学生态学科在红树林生态系统、滨海湿地、生物多样性、自然保护区等领域取得显著成绩，厦门大学被海内外同行公认为是中国红树林研究中心。

（一）亚热带生物多样性与自然保护研究

1978 年 10 月，著名生物学家赵修复教授提出的《关于建立大竹岚、挂墩自然保护区的紧急呼吁》得到邓小平的批示。福建省革委会责成省科委牵头，组织福建农学院（今福建农林大学）、厦门大学、福建师范大学、中国科学院植物研究所、上海自然博物馆、福建林学院（今福建农林大学）、福建医科大学、福建省亚热带植物研究所、三明真菌研究所等专家进行综合科学考察。林鹏带队调查,发现武夷山最高峰的黄岗山南侧、建阳和光泽交界的诸母岗周围有保存完好的森林植被。相关部门以此为依据,以黄岗山和诸母岗为中心,建立武夷山自然保护区。林鹏和叶庆华先后发表了《武夷山植被研究(一)黄岗山的植被分布概要》《武夷山保护区植被研究Ⅱ黄岗山山顶草甸植被》《武夷山植被研究(四)黄岗山针叶林》等学术论文。

1980 年,厦门大学参与编写的《中国植被》出版。该书于 1987 年获得国家自然科学奖二等奖。厦门大学负责编写南亚热带植被类型、植被区划和红树林三个部分。

1980 年,林鹏发起成立福建省生态学会并任第一届理事长。之后,福建省生态学会每年到东山县、尤溪县、宁化县、建瓯市、长汀县、马尾区等福建省不同的市县召开学术交流会议,并为地方生态农业与生态林业发展提供决策咨询。连玉武、卢昌义、李振基等先后担任福建省生态学会理事长。

1990 年,林鹏在全省植被调查的基础上,出版了《福建植被》,并完成了《福建省 1∶2500000 植被图编制及其说明》。在这些工作的基础上,林鹏、李振基、丘喜昭等完成的“福建植被的群落生态学研究”于 2001 年获福建省科技进步奖三等奖。

1992 年开始,林鹏带领团队与福建武夷山国家级自然保护区合作,从生物多样性、能量流动、物质循环等方面对武夷山三个代表性的森林生态系统进行研究。相关研究成果获得 2002 年度福建省科学技术奖三等奖。

1992 年我国加入《国际湿地公约》之后,林业部、国家科委、国家教委都非常重视湿地研究与保护。1995 年,林鹏与东北师范大学郎惠卿教授、华东师范大学陆健健教授、中山大学陈桂珠教授、青岛海洋大学、四川大学等一起筹建了“高校湿地研究中心”与《中国湿地植被》编委会。林鹏参加编写的《中国湿地植被》于 2002 年获教育部科学技术进步奖二等奖。

1995 年,林鹏担任教育部第二届理科教学环境科学教学指导委员会副主任、生态学教学指导组组长。

1995 年,林鹏当选为国家级自然保护区评委会委员(1995—1998),经常深入全国各地的自然保护区考察。1998 年以来,林鹏、李振基、陈小麟等组建了自然保护区综合考察队,先后深入福建虎伯寮、戴云山、梁野山、天宝岩、漳江口、闽江源、君子峰、泰宁、湖北后河、江西九岭山、婺源等自然保护区进行综合科学考察与保护生物学研究，探明这些自然保护区的生物多样性，提炼各自然保护区的特色。考察队先后出版了《福建省南靖南亚热带雨林自然保护区科学考察报告》(2001 年)、《福建漳江口红树林湿地自然保护区综合科学考察报告》(2001 年)、《福建梁野山自然保护区综合科学考察报告》(2001 年)、《福建天宝岩自然保护区综合科学考察报告》(2001 年)、《福建戴云山自然保护区综合科学考察报告》(2003 年)、《福建茫荡山自然保护区综合科学考察报告》(2003 年)、《福建藤山兰科植物与藏酋猴自然保护区综合科学考察报告》(2004 年)，为这些保护区晋升为国家级自然保护区或世界自然遗产奠定科学基础。2005 年，“福建省 7 个晋升国家级自然保护区的生物资源调查与研究”获福建省科学技术奖三等奖。

2006 年起，李振基领衔自然保护区综合科学考察队伍，到福建泰宁、湖北五峰、江西靖安、江西婺源、福建长汀等地进行生物多样性考察与研究，出版了《江西九岭山自然保护区综合科学考察报告》(2009 年)、《福建雄江黄楮林自然保护区综合科学考察报告》(2010 年)、《泰宁世界自然遗产地生物多样性研究》(2012 年)、《江西婺源森林鸟类自然保护区生物多样性研究》(2013 年)、《福建汀江源自然保护区生物多样性研究》(2014 年)、《福建峨嵋峰自然保护区生物多样性研究》(2015 年)。这些成果，为福建泰宁申报世界自然遗产，湖北后河国家级自然保护区调整，江西九岭山自然保护区、江西婺源森林鸟类自然保护区、福建汀江源自然保护区晋升为国家级自然保护区作出了重要贡献。

2011 年，李振基编写的《群落生态学》出版。

(二)红树林生态系统研究

从 20 世纪 50 年代何景研究福建沿海的红树林开始，经过多年的积淀和发展，厦门大学逐步积累了大量福建红树林群落与种类组成的资料。80 年代初，林鹏带领师生把研究范围扩大到海南、广东、广西与浙江，对全国红树林开展了广泛的野外调查，基本掌握了中国的红树林植物及群落结构。

1980 年，林鹏赴巴布亚新几内亚参加第三届国际红树林学术会议。1985 年，林鹏和卢昌义参加了在澳大利亚国立海洋研究所举行的国际红树林学术会议。在这两次会议上，林鹏以详实的数据展示了中国丰富的红树林资源，打破了国际学术界“中国的红树林仅分布于台湾”的偏见。

1984 年，林鹏编写的国内第一本红树林科普类著作《红树林》由海洋出版社出版。

1984 年以来，林鹏等将生态系统能流、物流的理念引入红树林生态系统研究。分别选取热带的海莲群落、亚热带的秋茄群落和热带亚热带过渡带的红海榄群落，对生物量、生产力、元素循环开展了长期跟踪研究，其中仅凋落物的跟踪时间最长达 11 年。基于上述研究，提出了著名的高初级生产力、高归还率和高分解率的“三高”理论，为红树林区水产渔业的可持续发展奠定了科学基础。

1986 年，林鹏带领学生开始了红树植物抗寒生理研究，提出了利用拐点温度作为评判植物抗寒能力的观点。依据此理论，成功地跨 5 个纬度从海南岛引种红海榄、海莲、木榄、尖瓣海莲等树种到福建九龙江口，成为迄今为止国内红树林引种最成功的案例之一。

从 20 世纪 90 年代开始，厦门大学的红树林研究逐渐向红树林其他亚系统拓展。庄铁诚、郑天凌、田蕴先后开展了红树林沉积物微生物多样性的研究。高亚辉、陈长平开展了红树林浮游底栖藻类尤其是硅藻的生物多样性研究。蔡立哲开展了红树林底栖动物生物多样性的研究。陈小麟、林清贤等开展了红树林鸟类生物多样性的研究。王瑁等开展了红树林鱼类、蟹类和软体动物生物多样性的研究。

红树林生理生态学研究也取得进展。1997 年，郑文教等提出了红树植物胎生是返祖现象的理论。卢昌义带领学生叶勇开展了红树林温室气体甲烷排放规律的研究。2001 年以来，张宜辉等开展了红树植物繁殖体发育及幼苗更新生长的研究，陈鹭真等开展了红树植物耐淹水生理生态的研究。在对红树植物的耐盐、耐淹水、胎生等机理研究的基础上，厦大红树林研究团队于 2001 年提出了建立红树林修复生态工程体系的设想。2002 年，厦门大学湿地与生态工程研究中心成立。2004 年，王文卿等完善了半日潮区红树林宜林地选择标准的研究，并提出红树林宜林临界线的确定是中国红树林造林成功与否的关键的观点。基于这些理论指导，厦门及周边的红树林造林工程取得了很大成功。

2001 年 11 月，林鹏当选为中国工程院院士，并因其在红树林系统研究的突出贡献被誉为“中国红树林之父”。

图 1-2-1　林鹏(1931.12—2007.5)(李振基　供图)

2007 年 3 月,郑海雷作为共同第一作者在 *Science* 上发表论文,对植物细胞自由钙离子周期性振荡的成因作出了新解释。

1990—2012 年间,厦大红树林研究团队发表了 200 多篇学术论文,出版了《中国红树林生态系》(科学出版社,1995 年)、《中国红树林生态环境及经济利用》(林鹏和傅勤,高等教育出版社,施普林格出版社,1997 年)、《中国红树林》(王文卿和王瑁,科学出版社,2007 年)、《福建省滨海湿地水鸟》(陈小麟等,高等教育出版社,2012 年)、《中国红树林区鸟类》(陈小麟参编,科学出版社,2010 年)、《华南地区常见动植物图鉴》(陈小麟参编,高等教育出版社,2010 年)。相关论文被整理成《红树林研究论文集》(厦门大学出版社,1990 年,1993 年,1997 年,1999 年,2002 年,2005 年,2010 年)。这期间红树林的系列研究成果,获得了国家科技进步奖三等奖 1 项,省部级科技进步奖一等奖 1 项,省部级科技进步奖二等奖 3 项,省部级科技进步奖三等奖 3 项。厦大红树林研究团队主持或参与了国内大量红树林保护与修复的工程项目,为中国红树林保护与修复提供了强有力的技术支撑。至 2012 年,厦门大学已成为国内红树林研究队伍中规模最大、学科最齐全的单位。

与此同时,厦门大学红树林研究在国内外的影响力逐渐上升。1993 年 11 月,在广西召开的第一届全国红树林研究与管理学术会议上,成立了中国生态学学会红树林研究学组,林鹏任首届执委会主席,2001 年卢昌义担任主席,2008 年林光辉担任主席。2012年，中国生态学学会红树林学组执委会改名为中国生态学学会红树林生态专业委员会，范航清任主任(2017年继任主任)，王文卿任秘书长，挂靠单位为厦门大学环境与生态学院。由此，中国红树林研究有了全国性的学术组织。2010年，李振基担任第八届中国生态学学会科普工作专业委员会主任。

(三)人才培养及平台建设

1984年，厦门大学开设"植物生态学"和"动物生态学"课程，作为动物学和植物学专业的必修课。

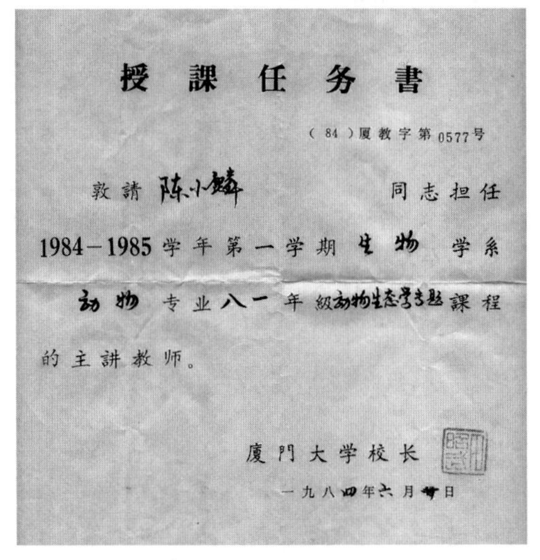

授 課 任 务 書

(84)厦教字第0577号

敦請 陈小麟 同志担任

1984－1985 学年第一学期 生物 学系

动物 专业 八一 年级动物生态学专题课程

的主講教师。

厦門大學校長

一九八四年六月廿日

图1-2-2　动物生态学任课通知书(1984年6月)(陈小麟　供图)

1986年，林鹏编写的中国第一部《植物群落学》(上海科学技术出版社)出版，该书一度被国内众多高校和科研院所作为教材，并于2000年获福建省科技进步奖二等奖。

1990年，沈国英、施并章编写的《海洋生态学》教材由厦门大学出版社出版，成为国内第一本面向本科生的海洋生态学教材。该书分别于1996年、2002年和2010年出版修订版(厦门大学出版社)、第二版和第三版(科学出版社)。该教材的出版，大大推动了我国海洋生态学高等教育与知识普及，被国内60余所涉海高校和科研院所作为教材，分别于2006年和2014年入选教育部"十一五"和

“十二五”国家级规划教材。

1997 年开始，李振基开设全校非生物学专业的生态学素质教育课，在此基础上于 2000 年出版《生态学》教材（科学出版社），该教材于 2006 年入选教育部“十一五”国家级规划教材，被国内 70 余所高校和科研院所采用。至 2020 年，已先后修订 4 版，印刷 20 多次。

2002 年，陈小麟、方文珍等编写的《动物生物学》被列入普通高等学校“十五”国家级规划教材。此教材先后在科学出版社、高等教育出版社出版，被国内众多高校作为教材使用，2019 年，该书的第五版由科学出版社出版。

2009 年，陈小麟获第五届高等学校国家级教学名师奖。

图 1-2-3 陈小麟获第五届高等学校国家级教学名师奖（2009 年 9 月）（陈小麟 供图）

2006 年，“福建省高校亚热带湿地生态学重点实验室”获批建设。

2006 年，以严重玲为带头人的厦门大学“亚热带湿地生态学研究团队”入选“福建省高等学校创新团队培育计划”。

2007 年底，“厦门大学滨海湿地生态系统教育部重点实验室”获批建设，2008 年 7 月通过论证，2011 年 11 月，实验室通过教育部验收。

图 1-2-4 滨海湿地生态系统教育部重点实验室建设项目验收会议(2011 年 11 月)
(李振基 供图)

2008 年 8 月,“厦门大学漳江口红树林生态系统定位站”和“厦门大学湛江红树林生态系统定位站”建立。

2010 年 8 月,福建省科技创新平台建设项目“福建省滨海湿地保护与生态恢复工程技术研究中心”获批,陈小麟担任主任。

在学科建设方面,1987 年,动物学获批国家重点学科。1991 年,生物学博士后科研流动站获批。1993 年,厦门大学列入“生物学国家理科基础科学研究和教学人才培养基地(含生态学)”。2000 年,生物学一级学科博士学位授予点获批,涵盖了生态学、动物学、植物学等 12 个二级学科博士和硕士授权点。2002 年生态学专业招收本科生,同年,获批国家“生命科学与技术人才生物学培养基地(含生态学)”。2004 年,生态学获批福建省重点学科。2011 年,获批生态学一级学科博士点。2012 年,获批生态学博士后科研流动站。至此,厦门大学生态学科建成了“本—硕—博—博士后”完整的人才培养体系,成为我国生态学专业人才培养的重要基地之一。

二、环境学科

厦门大学环境学科创立于 1982 年，同年环境科学研究所成立，1992 年扩建为环境科学研究中心。历经吴瑜端、林鹏、杨孙楷、洪华生、袁东星、卢昌义、郑微云、张珞平、戴民汉、焦念志、黄邦钦、王大志、史大林等学科带头人的开拓、传承与创新，形成了在国内外享有嘉誉的以海洋环境为特色与优势的学科体系。1995 年获批环境海洋学（1997 年更改为环境科学）博士点，2003 年获批环境科学与工程一级学科博士点和博士后流动站，2007 年成为环境科学国家重点学科。2005 年作为主要依托学科之一，组建近海海洋环境科学国家重点实验室，这是我国海洋环境领域首批两个国家重点实验室之一。

（一）1982—1992 年，以环境科学研究所成立为标志，环境学科应势而生

20 世纪 80 年代，区域性和全球性的环境污染和生态破坏问题增多，严重威胁人类社会经济的发展和人民生活的安全，环境问题得到了国际社会和我国的高度重视。1982 年，厦门大学抓住国家重视和发展环境科学的机遇，成立了厦门大学环境科学研究所（简称环科所），由来自海洋学系的吴瑜端、化学系的杨孙楷和生物学系的林鹏三位教授任副所长。环科所是当时全国不多的环境科学专门研究机构之一，为厦门大学环境学科的建立奠定了基础。

1982—1984 年，环科所倾全所以及厦门大学全校相关科系之力参加了“厦门海域污染现状调查”工作。此为我国首次开展的海域污染现状调查工作，由吴瑜端为主提出了“筼筜湖纳潮排污”方案并付诸科学研究，为解决筼筜湖的黑臭问题提供了科学的解决方案，为厦门经济特区的顺利发展提供了环境科学技术支撑；相关课题成果获得 1993 年厦门市科技进步奖一等奖。

图 1-2-5　环科所成员大家庭合照(1982 年)

(左起:第 1 排 林鹏、吴瑜端、许荣达、杨孙楷、苏循荣;第 2 排 郑逢中、黄建东、张珞平、卢昌义、李小波、郑元球、王隆发;第 3 排 郑文教、郑志宏)。背后的楼房是环科所仅有的一间不到 20 平米的办公室和三间实验室(含储物间)(卢昌义　供图)

图 1-2-6　吴瑜端(前排右一)带领课题组在九龙江考察河口生态环境(20 世纪 90 年代)(卢昌义　供图)

1984年，环科所开始开展环境影响评价工作，并于1986年获得“环境影响评价乙级证书”，系国家第一批获得此类证书的单位。建所初期，虽然建设资金不足，但是环科所依靠纵向课题开展相关的科学研究，依靠环境影响评价等横向课题维持研究所的正常运转并拓展建设。

1987—1989年，环科所作为福建省和厦门特区调查的主干单位之一，参加了国家“七五”攻关课题——我国第一次全国土壤环境背景值调查，课题成果获得福建省科技进步二等奖。

1988—1990年，北京大学、清华大学、北京师范大学、厦门大学（以环科所为主）和福建省环境科学研究所共同承担国家环保部、教育部和福建省政府“七五”重点课题——“湄洲湾新经济开发区环境综合规划”，这也是我国第一个新开发区的环境综合规划。

（二）1992—2005年，以环境科学研究中心组建为标志，环境学科快速发展

1992年，为顺应我国社会经济迅速发展和学科发展的需求，厦门大学整合海洋学系、化学系和分析测试中心等单位的相关研究力量，在原环境科学研究所的基础上成立了厦门大学环境科学研究中心（以下简称环科中心），并确立以海洋环境科学为研究重点和特色，提出了“面向海洋、内联外合、培养人才、服务社会”的宗旨。聘洪华生为中心主任，袁东星和郑天凌为副主任，郑微云为中心直属党支部书记。开始招收海洋生物地球化学、环境化学和环境毒理学等方向的硕、博士研究生。

环科中心自成立伊始，就以海洋环境为特色，发挥海洋与环境等多学科交叉优势，秉承真诚合作、艰苦奋斗、开拓进取的“环科精神”，不断地积淀、传承与创新。环科中心是厦门大学海洋环境学科发展的新起点，为原海洋与环境学院、近海海洋环境科学国家重点实验室的建设奠定了坚实的基础。

图 1-2-7　环科中心创立初期部分成员合照

（第 1 排左起：彭荔红、郑逢中、张珞平、黄邦钦、薛雄志、郑文教；第 2 排左起：林庆梅、洪丽玉、林鸣红、方金妹、洪华生、李云霞、袁东星、吴兵；第 3 排左起：郑微云、林良牧、曹守镜、李玉桂、黄建东、卢昌义、郑天凌、王隆发）（1992 年）（卢昌义　供图）

图 1-2-8　厦门大学环境科学研究中心卢昌义（后一）、张珞平（前左二）带领研究生在九龙江口—厦门海域开展调查（1993 年）（张珞平　供图）

1994 年，环科中心以优秀成绩通过国家环保局的测试考核，使厦门大学的环评影响评价证书资质由乙级升格为甲级。同年，环科中心设立环境科学硕士点。1995年，以洪华生、袁东星、郑天凌、卢昌义、张珞平等作为学科带头人，成功申报环境海洋学博士点。1997年，国务院学位委员会和国家教育委员会（简称国家教委）把环境科学与工程定为一级学科，环境海洋学博士点更名为环境科学博士点。

1995年，在国家教委和厦门大学的共同支持下，洪华生牵头组建“厦门大学海洋生态环境国家教委开放研究实验室”。1999年，该国家教委开放研究实验室更名为“厦门大学海洋环境科学教育部重点实验室”。

图1-2-9　国家教委海洋生态环境开放研究实验室成立大会（1995年12月23日）
（卢昌义　供图）

环科中心自成立以来便积极开展与香港、台湾以及东南亚的区域合作，全力推进“内外联合”。

1992年，洪华生赴香港科技大学做访问学者。当时，对于维多利亚海港污染物来源有很多争议，洪华生开展了香港维多利亚海港沉积物的研究，得出维多利亚港持久性有机污染物（POPs）主要来自香港本地的结论。1995年2月，全国人大香港特别行政区筹委会在北京召开了一个座谈会，洪华生应邀做了“从维多利亚湾海洋环境特点看可能造成的影响”的报告，为1995年中英联络小组有关生态环境问题的谈判提供了有力的决策依据。相关研究成果获得1999年度国家教育部科学技术进步奖三等奖，并结集出版为《香港和厦门港污染沉积物的来源及变化过程研究》专著。

1994年，在国家海洋局的推荐与支持下，由全球环境基金(Global Enviroment Facility, GEF)、联合国开发计划署(The United Nations Development Programme, UNDP)、国际海事组织(International Maritime Orgnization, IMO)共同支持的"东亚海域海洋污染预防与管理示范区"项目落户厦门，环科中心抓住机遇，积极参与该项目的实施。项目历时5年，是20世纪90年代国内规模最大、项目级别最高的海岸带综合管理项目，也是科研与管理紧密结合的典型项目。项目取得了丰富的成果，建立了一系列海岸带综合管理的机制，为厦门海岸带综合管理提供了切实可行的科学技术服务，有力地推动了厦门海岸带综合管理的进程，更为东亚地区的海岸带综合管理提供了"示范模式"，获得了GEF、UNDP、IMO等国际组织和东亚各参加国以及中国国家海洋局的高度评价。

1995年，洪华生主持闽港一厦金海域污染物监测研究，与台湾大学开展厦门一金门海域环境联合监测，首次开展海峡两岸的海域环境研究合作。1995年10月，张珞平、徐立等在厦一金海域与台湾合作方交换样品，这是两岸海域环境研究的一个历史突破，被誉为"半个世纪的第一次接触"(见图1-2-10)。CCTV曾对这次活动及其重大意义进行了专题报道。

图1-2-10　张珞平(交换样品者)和徐立(穿白衬衫者)在厦金海域与台湾大学合作方(小船上穿红衣者)交换监测的样品(1995年10月16日)　(张珞平　供图)

1996年，恰逢国家"211工程"建设契机，时任福建省省长陈明义和副省长王良溥来厦大商讨"211工程"共建事宜，最终决定以环科中心和海洋学系为支撑单位，由厦门大学与福建省政府共建海洋与环境学院，洪华生任首任院长，袁东星和王桂忠任副院长。当时的海洋与环境学院包括环科中心、海洋学系、海洋环境科学教育部重点实验室、亚热带海洋研究所 4 个下属单位。

图 1-2-11　海洋与环境学院大楼(现名曾呈奎楼)落成典礼(发言者袁东星，前排左起孙世刚、冯瑞龙、朱之文、洪华生、王豪杰、曾呈奎、刘瑞玉)(2001 年 4 月 6 日)(卢昌义　供图)

1997 年，在联合国开发计划署(UNDP)和厦门市政府的支持下，“厦门海岸带可持续发展培训中心”依托环科中心成立。该培训中心旨在为我国及周边国家培养高层次海岸带管理人才。

图 1-2-12　朱亚衍市长(前排左三)和洪华生教授主持厦门海岸带可持续发展培训中心揭牌仪式(1997 年)(卢昌义　供图)

1998 年，洪华生当选为全球海洋通量联合研究（Joint Global Ocean Flux Study，JGOFS）科学指导委员会委员。JGOFS 是国际地圈－生物圈计划（International Geosphere-Biosphere，IGBP）的核心计划之一。同年，戴民汉从美国伍兹霍尔海洋研究所留学归国并来到环科中心工作，获得国家杰出青年科学基金资助。

1998 年，洪华生带领环科中心的环境管理团队，参与加拿大国家发展署（Canadian International Development Agency，CIDA）资助的国际合作示范项目"公众基础的环境保护管理（Community-Based Conservation Management，简称 CBCM）"，该项目旨在加强大学在基于公众参与的环境保护与管理领域的能力建设，提高大学的学科交叉能力，促进中、加、越三方在该领域的进一步交流与合作。项目实施的 5 年多时间里，在加拿大专家的指导下，厦门大学作为其重要合作伙伴，在能力建设、公众环境意识宣传教育、公众参与机制建设等方面做了大量工作。以该项目为契机，环科中心开创多学科交叉研究格局，大力引入以公众为基础的环境管理理念。

1999 年 8 月，在国家自然科学基金委和教育部的资助下，厦门大学联合北京大学、香港城市大学成功举办首届"全国环境科学研究生暑期学校"。此后，厦门大学一直延续与香港城市大学及国内有关高校联合的传统，举办以环境科学为主题的暑期学校。

2000 年，为顺应国家对环境人才的需求，厦门大学在环科中心的基础上，成立了环境科学与工程系（简称环科系），开始招收环境科学专业的本科生。戴民汉任首任系主任，黄邦钦任系副主任。

2000 年，由教育部和福建省共建，成立了我国第一个由国家和地方联合共建的"教育部、福建省海洋环境科学联合重点实验室"，旨在整合各方力量联手共建厦门大学海洋环境科学重点实验室，使其尽早达到国家重点实验室水平，成为我国南方培养海洋环境科学高级研究人才及国内外开展学术交流与科研合作的基地，并为建设福建海洋大省作出更大的贡献。洪华生任实验室主任、福建海洋研究所阮五崎和戴民汉任实验室副主任。

图 1-2-13　教育部、福建省海洋环境科学联合重点实验室揭牌仪式(2000 年)
(卢昌义　供图)

2001 年,“厦门海岸带可持续发展培训中心”升格为由国家海洋局、厦门市人民政府和厦门大学共建的厦门海岸带可持续发展国际培训中心,并作为东亚海环境管理区域组织伙伴关系(Partnership in Environmental Management of the Seas of East Asia, PEMSEA)指定的海岸带综合管理区域培训基地,致力于我国沿海各省以及东亚各国的海洋与海岸带可持续发展能力建设。

图 1-2-14　厦门海岸带可持续发展国际培训中心揭牌仪式(2001 年)(许晓春　供图)

2002 年 5 月，国家科技部正式发函，同意“台湾海峡及毗邻海域海洋动力环境实时立体监测系统”列为国家“十五”“863 计划”重大项目，科技部和福建省政府在福建省建立该项目的示范区，并纳入“数字福建”范畴，进行业务化管理。福建示范区的建设单位为福建省海洋与渔业局，洪华生出任首席科学家。

2003 年，环境学科获批环境科学与工程一级学科博士点和博士后流动站。同年，厦门大学与美国旧金山大学合作设立了中国第一个环境管理国际联合培养项目：中—美环境管理硕士研究生联合培养项目。

2004 年，环境工程学科获批福建省重点学科。同年，以环科系中青年科学家为骨干的研究团体获批“海洋环境科学教育部创新团队”，2005 年又获批“海洋生物地球化学国家自然科学基金委创新群体”，这也是我国海洋科学领域首批两个国家级创新群体之一，其于 2008 年、2011 年连续两次获得基金委滚动支持。

图 1-2-15　“海洋生物地球化学”创新群体部分成员合照（施薇　供图）

2005 年 4 月 6 日，环境科学研究中心管理学科团队荣获厦门大学“南强奖”集体一等奖。

荣誉证书

环境科学研究中心管理学科团队 荣获厦门大学2005年度“南强奖”集体一等奖。

特发此证，以资鼓励。

厦门大学

二〇〇五年四月六日

图 1-2-16　2005 年度“南强奖”集体一等奖奖状(张珞平　供图)

(三)2005—2011 年，以国家重点实验室获批为标志，环境学科飞跃前进

面对 21 世纪海洋时代的机遇和挑战，2004 年 7 月，国家科技部提出拟建设海洋领域的国家重点实验室。洪华生及其团队抓住机遇，在海洋环境科学教育部重点实验室十年耕耘的基础上，邀请生命科学学院林鹏，化学化工学院黄本立、江云宝，海洋学系李少菁、黄奕普等有关力量加盟支持实验室建设。2005 年 1 月，科技部组织专家进行海洋国家重点实验室的建设计划论证。同年 3 月，科技部批准建设“近海海洋环境科学国家重点实验室(厦门大学)(简称 MEL)”，这也是我国海洋环境领域首批两个国家重点实验室之一。2006 年 7 月，教育部任命戴民汉任实验室主任；2006 年 10 月，厦门大学任命焦念志、江云宝、李炎为实验室副主任。

图 1-2-17　左图：洪华生代表实验室在建设计划论证会上汇报（2005 年 1 月 8 日）（黄水英　供图）　右图：朱崇实校长（右）和科技部领导为近海海洋环境科学国家重点实验室揭牌（2005 年 3 月）（施薇　供图）

2005 年 10 月，在洪华生和时任厦门大学校长朱崇实的倡导推动下，以海洋、环境学科为主要依托，成立了跨 5 个学院（海洋与环境学院、法学院、经济学院、管理学院、公共事务学院；后发展为 7 个学院，增加建筑学院，海洋与环境学院改为海洋与地球学院和环境与生态学院）的“厦门大学海洋与海岸带发展研究院”，成为厦门大学文理学科交叉的一个重要平台。洪华生任首席科学家，张珞平、傅崐成和薛雄志任副院长。

图 1-2-18 潘世建副市长（左二）和朱崇实校长（左三）为厦门大学海洋与海岸带发展研究院揭牌（2005 年 10 月 9 日）（林晓燕　供图）

2006年10月，洪华生当选国际海洋科学委员会(Scientific Committee on Ocean Research，简称SCOR)副主席。SCOR是国际海洋界历史最长、规模最大、学术影响最大的非政府间学术组织，也是联合国教科文组织政府间海洋学委员会的科学咨询机构。

2006年11月，近海海洋环境科学国家重点实验室获教育部、国家外专局“高等学校学科创新引智计划”(又称“111计划”)的建设立项，成立“海洋生物地球化学过程与机制创新引智基地”。

2007年2月，焦念志主持的“海洋初级生产力结构与微型生物生态过程”研究成果获2006年度国家自然科学二等奖。该研究使我国海洋微型生物研究在理论和方法上均获得突破性进展，填补了“新生产力”“原绿球藻”“好氧不产氧光合异养菌”等前沿空白，形成了“海洋微型生物生态学”新学科方向。

2007年，环境科学获批二级学科国家重点学科。海洋与环境学院与瑞典隆德大学工学院合作开展面向本科生的凌峰暑期科研训练。同年，海洋与海岸带发展研究院获教育部批准设立海洋事务国际硕士专业，这是国内第一个中外联合培养海洋事务专业方向的国际硕士生项目。该项目与美国罗德岛大学、华盛顿大学、特拉华大学等高校密切合作，以文理交叉为特色，涵盖海洋学、环境科学、管理科学、经济学、政治学、法学等领域。

2008年6月，近海海洋环境科学国家重点实验室(厦门大学)与美国特拉华大学的地球、海洋与环境学院成立了“近海海洋研究与管理联合研究所”，旨在共同开展近海环境科学、技术和管理研究，促进环境学科向国际化方向发展。

2008年9月，“973计划”项目“中国近海碳收支、调控机理及生态效应研究”获批立项，实现了海洋环境学科“973计划”项目零的突破，戴民汉任项目首席科学家。

2009年8月，近海海洋环境科学国家重点实验室(厦门大学)获批科技部第四批“国际科技合作基地”。“国际科技合作基地”由科技部组织认定和审批，授予在国际科技合作中作出显著成绩和取得良好社会效益、具有进一步发展潜力和显著示范作用的机构。

2009年，高坤山与王克坚领衔的团队获批“海洋环境生理与毒理学”教育部创新团队。同年，戴民汉团队研究成果“低纬度近海碳的源汇格局与调控机理”获教育部高等学校科学研究优秀成果奖自然科学一等奖。黄邦钦获国家杰出青年科学基金资助。

2009 年 12 月，厦门大学敦聘中国工程院院士、中国水产科学研究所黄海水产研究所的唐启升、雷霁霖研究员为双聘教授，并与该所签订战略合作协议。

2010 年，焦念志团队关于海洋微型生物碳泵储碳机制的研究成果发表在 *Nature Reviews Microbiology* 上。同年，"海洋微型生物碳泵"研究成果入选中国高等学校十大科技进展。

2010 年 4 月，近海海洋环境科学国家重点实验室（厦门大学）通过科技部组织的评估，获评"优秀国家重点实验室"。

图 1-2-19　近海海洋环境科学国家重点实验室现场评估会（2010 年）（施薇　供图）

2010 年 6 月，环境科学与工程系举行成立十周年庆典。

2011 年 11 月，焦念志因在海洋碳循环有关的微型生物生态过程与机制方面取得原创性系统成果，当选中国科学院院士。

图 1-2-20　环科系建系十周年庆典大会为学科建设突出贡献者颁发纪念奖品(2010 年 6 月)(施薇　供图)

第三节　应运而生　争创一流(2011 年建院至今)

2011 年 3 月,顺应国家生态文明建设大趋势,学校根据建设“世界知名高水平研究型大学”的需要,基于厦门大学环境学科和生态学科的悠久历史和深厚积淀,为促进学科发展,优化学科布局,在原海洋与环境学院环境科学与工程学科和生命科学学院生态学科的基础上,组建了环境与生态学院。

8 月中旬,学校批复学院在翔安校区建设大楼,大楼总建筑面积为 2 万平方米(使用面积 1.1 万平方米),大楼由东南大学建筑设计院设计,建筑外观在遵从嘉庚建筑风格和翔安校区总体要求的前提下,体现“环境、生态、环保、绿色”等学院特色元素。大楼主体结构为 3 栋楼,分别以 A、B、C 栋命名,各楼栋之间相对独立又以连廊相连,整幢大楼呈日字型。大楼于 2011 年底开工建设,于 2012 年 8 月竣工。2012 年 9 月,学院从思明校区搬迁至翔安校区。

学院现有环境科学与工程、生态学两个一级学科,下设环境科学系、生态学系、环境与生态工程系,是近海海洋环境科学国家重点实验室(和海洋与地球学院共建)、滨海湿地生态系统教育部重点实验室、台湾海峡海洋生态系统教育部野外科学观测研究站（和海洋与地球学院共建）的支撑单位，拥有5个省级科研平台（福建省海陆界面生态环境重点实验室、福建省滨海湿地保护与生态恢复工程技术研究中心、福建省水环境健康与安全协同创新中心、福建省海岸带污染防控重点实验室、台湾海峡海洋生态系统教育部野外科学观测研究站）。

根据2012年"科学引文索引"基本科学指标数据库（"Web of Science" Essential Science Indicator）统计，厦门大学环境与生态学科的科学研究已进入该领域国际上1%的前列，2020年最新位次率提升至前0.419%。2017年9月生态学科入选国家"双一流"建设学科。

一、学科建设取得新突破

建院之初，根据学科建设需要，学院设置了环境科学与工程系、生态科学与工程系，下设环境科学、生态学本科生专业和环境科学、环境工程、环境管理、生态学研究生专业。

2011年获批生态学一级学科博士点和博士后流动站。次年9月，生态学专业首次招收本科生，并首次按一级学科招收研究生。

2012年，生态学在全国第三轮学科评估中名列第10；环境科学专业获批福建省"专业综合改革试点"。

2013年2月，学院获批环境生态工程专业，并于2015年9月开始招收本科生。

2015年6月，为加强学科建设，学院成立以国际知名专家组成的环境与生态学科国际咨询委员会，定期召开国际咨询委员会会议，对学科规划、学科建设、人才培养、课程设置等提出意见建议。2015至2018年，已召开三届会议。

2016年6月，环境科学与工程系更名为环境科学系，下设环境科学本科专业和环境科学、环境管理研究生专业；生态科学与工程系更名为生态学系，下设生态学本科专业和研究生专业；新设环境与生态工程系，原环境科学与工程系下属的环境生态工程本科专业和环境工程研究生专业纳入该系。

2016年，环境科学与工程在全国第四轮学科评估中评估结果为B+，并列第16名；生态学评估结果为B+，并列第11名。

2017年9月，生态学科入选国家"双一流"建设学科。

2018 年 11 月，顺利完成环境科学与工程、生态学两个一级学科博士学位授权点合格评估自评工作。

2019 年 5 月，环境生态工程专业通过了由高校环境类专业教学指导委员会举行的本科新专业学位授权点认定；6 月，该专业第一届学生毕业。同年，环境科学专业入选福建省一流本科专业。

2020 年 4 月，环境科学与工程学科顺利通过国务院学位委员会学位授权点合格评估抽评。

学院以“双一流”建设为契机，根据国家生态文明建设和可持续发展战略，坚持“顶天立地”和“突出特色、统筹兼顾”的理念，大力推进学科建设。环境科学与工程学科聚焦海陆界面环境与海岸带可持续发展，面向“陆海统筹”国家战略，开展理论与技术创新，打造出“观测—科学—技术—管理”协同发展的学科体系，形成了环境分析化学与仪器、海洋环境化学与毒理、海岸带污染控制与资源化、海岸带环境管理四个学科方向，已建成在国内外享有嘉誉、富有海洋特色的环境学科交叉研究和人才培养基地。生态学学科建立了以红树林与近海生态系统、亚热带生物多样性保护与海岸带可持续发展为特色的学科体系，形成了海洋生态学、植物生态学、修复生态学、可持续生态学四个学科方向，被誉为“中国红树林研究中心”和“海洋生态人才摇篮”。

二、师资队伍建设取得新佳绩

建院之初，2011 年 11 月，原海洋与环境学院 38 名专任教师、生命科学学院 11 名专任教师转入我院。2012 年 12 月，生命科学学院又有 7 名专任教师转入我院，组成了我院第一批教师，共 56 人。

9 年来，学院坚持“人才是第一资源”的理念，牢记人才培育引进的主体责任和核心使命，主动对标一流学科，依托学校构建的新时代卓越人才体系，坚持“引培并重”原则，优化资源配置，积极引进高层次人才，着力培养中青年人才骨干，逐步打造以厦门大学讲席教授、特聘教授、南强青年拔尖人才和青年骨干教师组成的“塔式”人才架构。

2012 年 3 月，长江学者特聘教授、国家杰出青年科学基金获得者白敏冬加盟学院。同年，史大林入选国家高层次青年人才项目并获得国家优秀青年科学基金资助。

2012 年 10 月，李庆顺任学院院长。

2014 年，王大志获得国家杰出青年科学基金资助。

2015 年，沈英嘉入选国家高层次青年人才项目。

2016 年，王大志入选国家高层次人才特殊支持计划——科技创新领军人才。

2016 年，黄邦钦、曹文志分别获批主持“国家重点研发计划重点专项”。

2017 年，郑海雷获批主持“国家重点研发计划重点专项”。

2018 年，白敏冬入选国家高层次人才特殊支持计划——科技创新领军人才。

2018 年，黄凌风获批主持“国家重点研发计划重点专项”。

2019 年，史大林获得国家杰出青年科学基金资助。同年入选国家高层次人才特殊支持计划——科技创新领军人才。

2019 年，国家百千万人才工程、国家有突出贡献的中青年专家于鑫、国家优秀青年科学基金获得者林晓凤加盟学院。

2020 年，发展中国家科学院院士、欧洲科学院院士吕永龙加盟学院。

截至 2020 年 4 月，学院共有教职工 110 人，其中，专任教师 70 人，工程、实验系列专业技术人员 25 人，党政管理人员 15 人。教师队伍中有发展中国家科学院院士兼欧洲科学院院士 1 人、“长江学者”特聘教授 1 人、国家杰出青年科学基金获得者 4 人、国家优秀青年科学基金获得者 2 人、国家百千万人才工程入选者 2 人、国家高层次人才特殊支持计划入选者 3 人、国家级教学名师 1 人、“闽江学者”特聘教授 2 人、厦门大学特聘教授 5 人、科技部科技创新领军人才 2 人、教育部新世纪优秀人才 5 人。白敏冬带领的“基于羟基自由基高级氧化的海岸带污染防控创新团队”于 2016 年 5 月入选科技部创新人才推进计划重点领域创新团队。李庆顺牵头的“滨海湿地生态系统与全球变化学科创新引智基地”于 2019 年 12 月获教育部、科技部批准的“2020 年新建高等学校学科创新引智基地”立项。在高层次人才的推动下，学科实力进一步提升。

三、人才培养质量取得新提升

建院之初，原海洋与环境学院环境科学专业本科生转入我院。为保证教学工作平稳过渡，原海洋与环境学院划转我院的环境科学专业学生的培养仍沿用原有的培养方案。学院成立后，生态学专业在 2012 年开始招收本科生，环境科学专业和生态学专业招生规模扩展到 120 人。2012 年招收的学生按照学院组织制定的新培养方案进行培养。2013 年，设立环境生态工程专业，2015 年正式招生。由此完成了 3 个专业建设的布局。

9 年来，学院紧紧围绕立德树人根本任务，以人才培养质量为核心，不断深化培养机制改革，创新人才培养模式，进一步修订完善三个专业培养方案。开展大类招生，设立“国际化班”“菁英班”“卓越班”，实行书院制管理。先后与瑞典隆德大学等近 20 所国（境）外高校开展合作交流和本科生联合培养工作，不断拓展本科生国际化视野。建设流域—河口（湿地）—临海实践教学基地群，实施“凌峰”暑期科研计划（已办 13 年）、“樱花计划”“海丝学堂”和“本科生暑期科研奖学金”等项目，不断提升本科生创新创业能力。开展本科招生“校园开放日”“全国优秀大学生夏令营”、招生宣传等系列活动，设立“国（境）外一流大学访学资助”

图 1-3-1　2016 菁英班学术交流会（李岚　供图）

等学术奖励，设置“博士生学术报告”“研究生学术论坛”“学年科研进展报告”等系列培养环节，实施生源质量工程，学生生源质量和人才培养质量显著提升。

图 1-3-2　海丝学堂活动(2019 年)(谭巧国　供图)

不断完善和规范教学管理模式，制定出台《环境与生态学院本科生毕业论文(设计)答辩工作管理办法》《环境与生态学院本科生学业预警管理办法》《环境与生态学院本科生专业分流实施办法》《环境与生态学院学术行为规范补充条例》《环境与生态学院教师工作规范》《厦门大学环境与生态学院教学委员会章程》等多项制度规定，加强学生学业、学术道德教育和教师教学管理。

加强专业建设，积极探索、提升教学质量的方法和模式。环境科学专业分别于 2012 年和 2019 年获批省级“专业综合改革试点”和省级一流本科专业。2014 年，陈小麟作为第二参与者的“遵循人才培养规律的生物学本科教学改革与实践”项目获得国家级教学成果二等奖。2017 年，罗津晶牵头的“环境与生态学院大学生创新科研人才国际化培养体系的构建与实践”项目获得福建省教学成果二等奖。《海洋生态学》《动物生物学》《群落生态学》《生态学》等国家级规划教材出版或再版。环境与生态学院个性化人才培养项目(“国际化班”、“菁英班”、“卓越班”)获批立项省级教改项目。《动物生物学》获批教育部精品课程和国家级精品资源共享课。

（注：研究生人才培养特色详见第三章“学科发展”第一节“博士授权点、硕士点介绍及其人才培养特色”部分。）

四、科学研究水平跃上新台阶

建院以来，学院着力提升科研水平和能力，充分发挥多学科交叉特色，积极布局、构建科研平台支撑体系，大力拓宽经费筹措渠道，积极承担国家和地方重大科研项目，高水平科研成果不断产出。

学院瞄准国家重大需求，积极组织团队，联合优势力量，申报国家级重大科研项目。截至 2020 年 4 月，已获批主持“国家重点研发计划重点专项”项目 6 项，涉及“全球变化及应对”“典型脆弱生态修复与保护研究”“海洋环境安全保障”和“政府间国际科技创新合作”等多个重点领域，参与其他项目课题 11 项，主持国家科技支撑计划项目 1 项，参与承担国家“973 计划”课题 7 项，主持国家自然科学基金重大重点项目 18 项（含重大仪器研制项目 1 项），牵头承担国家海洋公益性行业科研专项 3 项，参与承担 12 项，参与其他部委公益性专项 4 项。白敏冬、黄凌风与大连海事大学合作的“基于羟基自由基高级氧化快速杀灭海洋有害生物的新技术及应用”项目于 2016 年荣获国家技术发明奖二等奖。刘国坤所在研究团队完成的“电化学表面增强拉曼光谱学研究”项目荣获 2019 年国家自然科学奖二等奖。同时，学院还承担省市重大专项项目，积极为服务地方社会经济发展特别是生态文明建设作出贡献。

近年来，随着科研水平的不断提升，学院教师在国际高水平期刊发表论文数不断上升。截至 2020 年 4 月，学院教师在 *Science*，*Nature Communications*，*PNAS*，*Genome Research*，*Environmental Science & Technology*，*Ecology Letter*，*Journal of Ecology*，*Ecology*，*Ecosystems*，*Limnology & Oceanography*，*Environmental Pollution* 等相关学科国际高水平期刊发表 SCI/EI 等研究论文 1000 余篇；其中 JCR 一区论文 113 篇、二区论文 388 篇，国际顶级期刊（top journal）论文 230 篇。

五、对外合作交流驶入快车道

建院之初，学院与台湾云林科技大学工程学院、台湾宜兰大学工学院、台湾“中央”大学水文与海洋科学研究所、台湾中山大学环境工程研究所、台湾海洋大学环境与生态研究所签署合作协议，在科研合作、师生互派等方面开展交流；与美国圣地亚哥州立大学、瑞典隆德大学合作，分别举办暑期学校与凌峰暑期科研训练。学院通过支持师生与国际同行密切交流、与国际高水平高校和科研机构建立长期稳定的合作关系、优化国际化特色办学项目、搭建高水平国际合作与交流平台等举措，全面推进对外交流合作，全面提升人才培养、队伍建设、科学研究等方面的国际化水平。

截至 2020 年 4 月，学院与美国马里兰大学、瑞典隆德大学等 13 所境外高校科研院所签订合作协议并开展实质性合作交流。师生赴境外交流人次逐年攀升，累计派出教师赴境外交流 562 人次，学生 498 人次；邀请境外学者来访 557 人次，接收境外学生短期交流 236 人次。与境外高校合作累计举办 8 届暑期学校，并拓展了多项国际化特色办学项目。积极举办国际与地区学术交流活动，累计举办 13 场国际(地区)会议。成立国际咨询委员会并定期召开会议，推动学科发展。联合海外知名专家学者获批“滨海湿地生态系统与全球变化创新引智基地(厦门大学)”。牵头成立“两岸环境与生态联盟”，推动两岸合作交流。

六、社会服务展现新作为

学院成立后，在以往社会服务的基础上，将环境与生态两个学科的优势相融合，大力发展工程应用学科，进一步聚焦流域、滨海湿地和近海生态环境的保护、利用、修复和防灾减灾；同时积极与地方政府、企事业单位紧密开展政产学研合作，加快科技成果转移转化。社会服务领域进一步拓展，社会服务能力进一步提升，为国家和区域生态文明建设提供有力的科技支撑和咨询服务，并大力推进科技文化传播，提升公民的生态环境素养。

9 年来，学院已与福建省南平市浦城县人民政府、三明市沙县人民政府、建宁县人民政府、厦门市翔安区人民政府，福建省河长制办公室，厦门市环保局等 12 个政府或管理部门，以及中建四局建设发展有限公司、北控水务集团有限公司、长江绿海环境工程股份有限公司等22家企业，建立了合作关系，不断创新政产学研合作方式。经过多年发展，学院社会服务的优势领域及突出成果如下：

生态文明建设规划。承担了“龙岩生态文明示范市规划”“汀江生态走廊建设规划”“贵阳市观山湖区生态文明示范区规划”“福建省综合性生态补偿方案”“宁波梅山‘蓝色海湾’示范性工程”“巢湖水体污染控制与治理科技重大专项”“河北秦皇岛七里海潟湖湿地生态修复及综合整治项目”“广西黑臭水体污染控制及水环境质量提升关键技术研发项目”等重大重点项目。“汀江生态走廊建设规划”是在习近平总书记先后两次对长汀县水土流失治理和生态建设作出重要批示并提出“进则全胜”要求后，厦门大学组织环境与生态学院相关力量进行全力编制的。“龙岩市生态文明示范市规划”已由生态环境部审核，龙岩市政府已经批准实施。“福建综合性生态补偿方案”也已经由省政府于2018年颁布实施，初步形成生态文明和发展示范效应。通过项目实施，学院逐步形成了一批生态文明建设领域技术成果，打造了一支集理论研究、技术攻关及工程应用于一体的优势团队。

2018年6月，学校依托学院成立厦门大学生态文明研究院（以下简称研究院），研究院是整合全校海洋科学、环境科学与工程、生态学、城市规划、经济学、法学、人文学科、管理学和信息学等多学科的教学和科研资源，发挥文、理、工学科交叉研究的优势而组建的校级跨学科平台。研究院成立后，成为统筹学院开展政产学研合作、服务地方发展的重要依托。

环境治理与生态修复。2012年起，持续开展各类项目，改善和提升厦门市筼筜湖水质，承担市政府“为民办实事项目”——厦门市下潭尾滨海湿地公园红树林景观建设工作，相关项目成果成为厦门市生态文明建设亮点。主持研发的“基于羟基自由基高级氧化快速杀灭海洋有害生物的新技术及应用”获2016年度国家技术发明二等奖；建立了“九龙江流域水环境信息共享平台”，被厦门环境监测中心站采纳应用，以上2项成果有力支撑和保障了地方饮用水的安全。2013年12月，厦门大学牵头，以中国科学院城市环境研究所、福州大学、福建师范大学和福建省环境科学研究院为核心协同单位，成立水环境健康与安全协同创新中心（以下简称“中心”）；2015年9月，中心获批为福建省2011协同创新中心。该中心有效协同了福建省内相关领域的高水平科研院所及优势企事业单位的资源与力量，成为学院拓展社会服务的又一重要平台，为福建省水环境健康安全保障提供支撑。

基于科研成果和大数据分析，为福建省、厦门市发展献言献策、提供保障。提交的政策建议、提案等，部分已被相关部门或政府采用，直接服务于福建省或厦门市的生态文明建设，为未来构建国家和省级智库奠定了基础。学院两位专家入选第九届金砖国家厦门会晤环境质量保障专家，为这次会晤的顺利举办贡献了厦大力量。

生态文明定制化研修班。2015 年 4 月，学院成立生态文明培训中心（后纳入厦门大学生态文明研究院管理），面向政府及相关管理部门的实际需求，开设“定制化”研修班，解读并培训国家相关政策、法律法规、环保技术等，至今已举办 10 期，培训学员 735 人次。

提高全民环境保护与生态保护意识，普及传播“绿色发展”理念。从 2011 年起，每年与近海海洋环境科学国家重点实验室联合主办“厦门大学海洋科学开放日”；分别从 2012 年和 2015 年起，每年举办“厦门大学环保知识竞赛”和“节能减排社会实践与科技竞赛”，向社会尤其是青少年传播与生态文明、环境保护相关的科技知识和科学精神。经过多年发展，以上活动均已成为校内外科普品牌活动。

表 1-3-1　学院与企事业单位签订的合作协议一览表（以签约时间为序）

序号	合作单位名称	协议性质	协议签订时间
1	中国科学院城市环境研究所、福州大学、福建省环境科学研究院、福建师范大学	水环境健康与安全协同创新中心协议书	2013 年 12 月
2	厦门斯坦道科学仪器股份有限公司	合作框架协议	2014 年 1 月
3	国家海洋局海洋咨询中心	合作框架协议	2014 年 6 月
4	福建省春天生态科技股份有限公司	共建合作研发平台	2014 年 7 月

续表

序号	合作单位名称	协议性质	协议签订时间
5	福建龙净环保股份有限公司	关于共建“水环境健康与安全协同创新中心”的合作协议	2015年1月
6	福建清源科技有限公司	关于共建“水环境健康与安全协同创新中心”的合作协议	2015年1月
7	福建省海洋预报台	关于共建“水环境健康与安全协同创新中心”的合作协议	2015年1月
8	福建省水利水电勘测设计研究院	关于共建“水环境健康与安全协同创新中心”的合作协议	2015年1月
9	福建四创软件有限公司	关于共建“水环境健康与安全协同创新中心”的合作协议	2015年1月
10	泉州师范学院	关于共建“水环境健康与安全协同创新中心”的合作协议	2015年1月
11	厦门水务中环制水有限公司	关于共建“水环境健康与安全协同创新中心”的合作协议	2015年1月
12	厦门紫金矿冶技术有限公司	关于共建“水环境健康与安全协同创新中心”的合作协议	2015年1月
13	中联环有限公司	关于共建“水环境健康与安全协同创新中心”的合作协议	2015年1月
14	厦门元初食品有限公司	共建“食品安全合作平台”	2015年5月
15	中国海洋大学、大连海事大学	合作框架协议	2015年7月
16	厦门建南环境艺术有限公司	合作框架协议	2015年12月
17	日本一般社团法人视频安全交流协会	技术交流协议	2016年3月

续表

序号	合作单位名称	协议性质	协议签订时间
18	厦门中昊泛亚环保科技有限公司	共建研发中心	2016 年 4 月
19	南普陀寺、厦门市环保局	合作框架协议	2016 年 6 月
20	广西红树林研究中心	战略合作协议	2016 年 9 月
21	厦门市翔安区人民政府	战略合作协议	2016 年 12 月
22	曙光建设股份有限公司	战略合作协议	2017 年 1 月
23	厦门史蒂福环保科技有限公司	战略合作协议	2017 年 1 月
24	北控水务集团有限公司	合作框架协议	2017 年 2 月
25	厦门海澳集团有限公司	战略合作协议	2017 年 6 月
26	深圳市铁汉生态环境股份有限公司	合作框架协议	2017 年 6 月
27	南平市浦城县人民政府	战略合作协议	2017 年 7 月
28	三明市沙县人民政府	战略合作协议	2017 年 9 月
29	三明市建宁县人民政府	战略合作协议	2017 年 9 月
30	浦城县人民政府	战略合作协议	2017 年 9 月
31	宁夏大学资源环境学院	合作框架协议	2017 年 10 月
32	泰玺(厦门)生态环境科技有限公司	共建研发中心	2017 年 10 月
33	中国建筑第七工程局有限公司	战略合作协议	2017 年 11 月
34	深圳市裕和集团有限公司	合作框架协议	2018 年 1 月
35	福建省河长制办公室	共建博士工作站	2018 年 1 月

续表

序号	合作单位名称	协议性质	协议签订时间
36	长江绿海环境工程股份有限公司	共建“厦门大学生态文明研究院”	2018 年 1 月
37	广东内伶仃福田国家级自然保护区管理局	合作框架协议	2018 年 3 月
38	厦门宜融环境科技有限公司	共建“厦门大学环境与生态学院数字生态环境科技中心”	2018 年 6 月
39	福建省漳州水文水资源勘测分局	战略合作协议	2019 年 3 月
40	厦门大学翔安校区管委会	共建“翔安校区生态环境实践教学基地”	2019 年 11 月
41	中建四局建设发展有限公司	战略合作协议	2019 年 12 月

七、校友工作架起新桥梁

自学院成立至 2020 年，共有本科毕业生 661 人，硕士生 608 人，博士生 185 人，曾在我院工作过的院友 98 人。

院友工作是学院建设与发展的一项重要工作，在学校领导的关怀指导下，在广大院友的热心支持下，2020 年 1 月 4 日，厦门大学厦门校友会环境与生态学院分会成立。分会的成立，为院友搭建了增进往来和沟通信息的平台，为院友和学院之间搭建起联系的桥梁和合作的舞台。

八、文化建设彰显新特色

学院成立之初，教职工来自不同的学院和部门，有着不同的学科背景，对于新学院的认同和适应需要一段时间。为了缩短教职工对学院的适应期，尽快形成共识、增强凝聚力，在学院建设和发展中做到“心往一处想，劲往一处使，拧成一股绳”，学院精心策划和组织了学科研讨会、“E.E.沙龙”“书（记）院（长）有约”等具有学院和学科特色的品牌活动，有效加强了教职工之间、师生之间的情感和交流。同时，学院工会组织开展了丰富多彩的文体活动，包括师生水上运动会、师生篮球比赛、唱歌比赛、春（秋）游等。在这些活动的带动促进下，学院逐渐形成了积极向上、温馨和谐的文化。

（一）学科研讨会

环境与生态学科研讨会每年举办一次，举办时间一般为当年的7月中旬。2013—2020年已举办7届（其中2016年并入“海峡两岸环境与生态论坛”，2017年因故未举办）。学科研讨会邀请全院教职工、退休教工、特邀嘉宾参加。会议旨在对学院学科发展方向进行“把脉”、对教学科研和人才培养等工作进行深入探讨和总结反思，进一步加强学科建设、谋划学科发展。

图1-3-3 环境与生态学科第一届研讨会召开（2013年7月）（潘燕 供图）

(二)“E.E.沙龙”

“E.E.沙龙”创办于2013年9月，是学院的特色交流活动，旨在加强学院教职工之间的沟通交流、增进相互了解、促进学科交叉。2018年11月，学院根据工作需要，对“E.E.沙龙”进行了改版。改版后的“E.E.沙龙”活动采用报告交流形式，主要围绕教师的职业发展、学术前沿、科研合作、团队建设等主题不定期开展。至2020年4月，共举办44期“E.E.沙龙”。

(三)“书(记)院(长)有约”

2012年11月13日，学院举办第一期“书(记)院(长)有约”活动。该活动以学院党政领导和师生面对面交流的形式开展，目的在于畅通学院和师生的交流渠道、增进彼此互信理解。活动中，学院党政领导主动了解学生、青年教师学习和生活情况、帮助解决遇到的困难和问题，并在学业、生活、成长规划、人生理想等方面给予引导。至2020年4月，“书(记)院(长)有约”活动已举办40期，累计有近千人(次)师生参加了活动。

(四)角屿岛拥军活动

学生参与英雄三岛——角屿岛的拥军活动始于1995年，当时还是环科中心教师的袁东星第一次带着3名研究生，陪同母亲刘维灿上岛慰问，为官兵们表演节目，一起做游戏。自此，厦门大学师生每年中秋、国庆期间都上岛开展拥军活动，平时也时常在岛上组织开展党支部立项活动。

第二章
党政机构及历任领导变迁

第一节　学院党政机构

2011 年 3 月 28 日，为促进学科发展、优化学科布局，厦门大学在原海洋与环境学院的环境学科和生命科学学院的生态学科基础上，组建“环境与生态学院”，同时成立“环境与生态学院党委”。

2012 年 8 月 16 日，环境与生态学院成立环境科学与工程系、生态科学与工程系，(保留)环境科学研究中心。

2016 年 4 月 13 日，环境与生态学院成立环境与生态工程系。

2016 年 6 月 16 日，环境科学与工程系更名为环境科学系，生态科学与工程系更名为生态学系。

第二节　学院历任党政领导名单及任职时间

一、行政领导班子名单及任职起止时间

(一)第一届行政领导班子名单及任职起止时间

李庆顺，院长(2012 年 10 月 29 日—2017 年 11 月 10 日)

以下副院长按学校发文顺序排序：

黄邦钦，副院长(主持工作)(2011 年 8 月 2 日—2012 年 10 月 28 日)

黄邦钦，副院长(2012 年 10 月 29 日—2017 年 11 月 10 日)

王大志，副院长(2011 年 8 月 2 日—2017 年 11 月 10 日)

郑海雷，副院长(2011 年 8 月 2 日—2017 年 11 月 10 日)

曹文志，副院长(2014 年 3 月 26 日—2017 年 11 月 10 日)

（二）第二届行政领导班子名单及任职起止时间

李庆顺，院长（2017 年 11 月 10 日至今）
以下副院长按学校发文顺序排序：
曹文志，副院长（2017 年 11 月 10 日至今）
王新红，副院长（2017 年 11 月 10 日至今）
史大林，副院长（2017 年 11 月 10 日—2019 年 12 月 3 日）
王文卿，副院长（2017 年 11 月 10 日至今）
史大林，副院长（正处级）（2019 年 12 月 4 日至今）

二、党委领导班子名单及任职起止时间

（一）建院后至第一次党员大会召开前，学校任命的学院党委领导班子成员

沈小平，党委书记（2011 年 8 月 2 日—2014 年 3 月 8 日）
以下党委副书记按学校发文顺序排序：
周克夫，党委副书记（2011 年 8 月 2 日—2014 年 3 月 8 日）
许美霞，党委副书记（2012 年 8 月 22 日—2014 年 3 月 8 日）

（二）第一届党委领导班子名单及任职起止时间

2014 年 3 月 9 日，中国共产党厦门大学环境与生态学院第一次党员大会召开，大会选举产生第一届党委领导班子、党委委员。

1.党委领导班子

沈小平，党委书记（2014 年 3 月 9 日—2018 年 5 月 27 日）
以下党委副书记按学校发文顺序排序：
周克夫，党委副书记（2014 年 3 月 9 日—2018 年 5 月 27 日）
许美霞，党委副书记（2014 年 3 月 9 日—2018 年 1 月 9 日）

2.党委委员(按姓氏笔划排序)

王新红、许美霞、杨盛昌、沈小平、周克夫、黄凌风、曹文志(2014 年 3 月 9 日—2018 年 5 月 27 日,其中许美霞为 2014 年 3 月 9 日—2018 年 1 月 9 日)。

2018 年 1 月 9 日,学校干部调整,许美霞调离学院,学校任命毛通双为学院党委副书记、党委委员(2018 年 1 月 9 日—2018 年 5 月 27 日)。

(三)第二届党委领导班子名单及任职起止时间

2018 年 5 月 28 日,中国共产党厦门大学环境与生态学院第二次党员大会召开,大会选举产生第二届党委领导班子、党委委员。

1.党委领导班子

沈小平,党委书记(2018 年 5 月 28 日—2019 年 1 月 22 日)

以下党委副书记按学校发文顺序排序:

周克夫,党委副书记(2018 年 5 月 28 日—2019 年 1 月 3 日)

毛通双,党委副书记(2018 年 5 月 28 日至今)

2.党委委员(按学校发文顺序排序)

王新红、毛通双、杨盛昌、沈小平、周克夫、黄凌风、曹文志(2018 年 5 月 28 日至今,其中沈小平为 2018 年 5 月 28 日—2019 年 1 月 22 日;周克夫为 2018 年 5 月 28 日—2019 年 1 月 3 日)。

2019 年 1 月 3 日,学校干部调整,免去周克夫环境与生态学院委员会副书记、委员职务;1 月 22 日,免去沈小平环境与生态学院委员会书记、委员职务。

2019 年 3 月 19 日,学校任命陈光兼任环境与生态学院委员会委员、书记(2019 年 3 月 20 日—2020 年 3 月 19 日)。

2019 年 6 月 6 日,学校任命李静任环境与生态学院委员会委员、副书记。

2020 年 3 月 19 日,学校任命张明智任环境与生态学院委员会委员、书记;同时免去陈光环境与生态学院委员会书记、委员职务。

第三节　学院历任系领导名单及任职起止时间

（一）环境科学系（2016 年 6 月 16 日前为环境科学与工程系）

王新红，系主任（2013 年 2 月 7 日—2018 年 7 月 20 日）
陈能汪，系主任（2018 年 7 月 20 日至今）
陈　荣，系副主任（2013 年 2 月 7 日至今）

（二）生态学系（2016 年 6 月 16 日前为生态科学与工程系）

黄凌风，系主任（2013 年 2 月 7 日至今）
杨盛昌，系副主任（2013 年 2 月 7 日—2018 年 7 月 20 日）
王文卿，系副主任（2014 年 10 月 1 日—2018 年 7 月 20 日）（学院任命）
卢豪良，系副主任（2018 年 7 月 20 日至今）

（三）环境与生态工程系

2016 年 4 月 13 日，学校批复同意成立环境与生态工程系。
欧阳通，系副主任（主持工作）（2016 年 3 月 25 日—2018 年 7 月 19 日）（学院任命）
欧阳通，系副主任（主持工作）（2018 年 7 月 20 日—2019 年 12 月 9 日）
于　鑫，代理系主任（2019 年 12 月 10 日—2020 年 6 月 23 日）（学院任命）
于　鑫，系主任（2020 年 6 月 24 日至今）
欧阳通，系副主任（2019 年 12 月 10 日至今）

第三章
学科发展

第一节　博士授权点、硕士授权点介绍及其人才培养特色

一、博士授权点、硕士授权点介绍

学院现拥有环境科学与工程、生态学两个一级学科博士学位授权点和博士后流动站，形成“本—硕—博—博士后”完整的人才培养体系。

（一）培养方向

环境科学与工程学科瞄准学科发展前沿和我国环境保护需求，重点开展海洋环境生理生态学、环境组学与生态学、近海环境化学与毒理学、海洋污染防治和海岸带环境管理等研究，培养从事环境科学研究、环境保护与可持续发展所需要的复合型高层次人才。

生态学科瞄准国际前沿和我国生态保护需求，围绕基础生态学和应用生态学培养方向，重点开展红树林湿地生态学、保护生态学、污染生态学、海洋生态学、分子生态学以及生态保护与修复工程技术等研究，培养从事生态学研究、生态保护与可持续发展所需要的复合型高层次人才。

（二）培养目标

学院坚持以马克思列宁主义、毛泽东思想、邓小平理论、“三个代表”重要思想、科学发展观、习近平新时代中国特色社会主义思想为指导，培养教育学生热爱中国共产党、热爱祖国、热爱社会主义、热爱人民，养成良好的道德品质、行为习惯和职业道德，具有爱岗敬业、团结协作、勇于实践、艰苦奋斗、止于至善的优秀品质；恪守学术道德、崇尚学术诚信，热爱科学研究，具有严谨的科研工作作风和勇攀科学高峰的钻研精神。

学术型硕士研究生应掌握有关学科扎实的基础理论和系统的专门知识；具

有从事科学研究工作或承担专门技术工作的能力；具备应用外语开展学术交流的能力。学术型博士研究生应掌握有关学科坚实宽广的基础理论和系统深入的专门知识；具有独立从事科学研究的能力，在学术或专门技术上作出创造性的成绩；具备较宽的国际学术视野和较强的国际学术交流能力。

（三）学位申请条件

学位申请人需按培养方案要求，修完全部课程（含培养环节）并取得学分，在导师指导下完成高质量的学位论文并通过答辩。2014 年学院制定出台了《环境与生态学院博士、硕士研究生申请学位发表学术论文的规定》，对申请学位的科研成果作出了明确的规定。

表 3-1-1　环境与生态学院研究生学位申请条件

<table>
<tr><th rowspan="2">类　别</th><th colspan="4">要　求</th></tr>
<tr><th>总学分</th><th>课程学分</th><th>培养环节学分</th><th>科研成果</th></tr>
<tr><td>硕士生</td><td>24</td><td>21</td><td>3</td><td>以厦门大学为第一署名单位，申请者为通讯作者或第一作者（导师为第一作者的，研究生为第二作者视同第一作者）发表 1 篇学术论文，或提交 1 篇与学位论文相关的技术报告，或提交 1 篇可用于正式发表的学术论文。</td></tr>
<tr><td>博士生</td><td>12</td><td>9</td><td>3</td><td rowspan="2">以厦门大学为第一署名单位，申请者为通讯作者或第一作者（导师为第一作者的，研究生为第二作者视同第一作者）发表 1 篇 JCR 二区（含）以上的 SCI 收录的学术论文，或 2 篇被 SCI 收录的学术论文（工学类博士可以 1 篇 EI 收录论文替代 1 篇 SCI 收录论文）；硕博连读生在上述要求的基础上，还须在中文核心或以上刊物发表 1 篇学术论文。</td></tr>
<tr><td>硕博连读/本直博生</td><td>28</td><td>24</td><td>4</td></tr>
</table>

（四）招生与学位授予情况

2012年至2020年4月，我院共录取研究生822人，其中博士生230人、硕士生592人；共授予学位668人，其中博士生173人、硕士生495人。

表3-1-2　环境科学与工程学科研究生招生和授予学位情况

类别		年度							
		2012年	2013年	2014年	2015年	2016年	2017年	2018年	2019年
硕士	招生人数	44	45	44	46	43	49	45	46
	授予学位人数	49	54	46	43	40	43	44	39
博士	招生人数	17	23	19	20	15	17	22	25
	授予学位人数	22	16	17	24	23	9	15	20

表3-1-3　生态学科研究生招生和授予学位情况

类别		年度							
		2012年	2013年	2014年	2015年	2016年	2017年	2018年	2019年
硕士	招生人数	10	20	29	29	40	31	34	37
	授予学位人数	7	8	5	10	17	28	27	35
博士	招生人数	3	4	6	8	9	10	11	21
	授予学位人数	2	3	2	4	3	1	7	5

二、人才培养特色

（一）人才培养基本情况

学院紧紧围绕“立德树人”根本任务，努力构建“三全育人”体系，持续优化人才培养模式，着力提升人才培养质量。坚持教学科研相互促进、协同发展，注重研究生科研能力培养。不断强化研究生生源质量，通过实施“请进来(举办优秀大学生夏令营)”“走出去(开展招生宣讲)”“留得住(吸引本院学生留院升学)”等“生源质量提升工程”，稳步提高生源质量。

自学院成立至2020年4月，我院已有14篇研究生学位论文获评福建省优秀学位论文。

表3-1-4　福建省研究生优秀学位论文名单

序号	作者姓名	专业	论文题目	导师姓名	参评层次	入选年份
1	朱勇	环境科学	海水中痕量铵氮的分析方法及船载式仪器的研究和应用	袁东星	博士	2015
2	王佳婕	环境工程	TiO_2/沸石复合材料对对乙酰氨基酚的光降解研究	景有海	硕士	2016
3	吴殷琪	环境管理	亚热带暴雨事件九龙江营养盐输出过程与河口响应	陈能汪	硕士	2017
4	蔡兰兰	环境科学	海洋浮游病毒和深部生物圈病毒的生态特性	焦念志	博士	2017
5	付海辉	环境科学	选择性多聚腺苷化在水稻发育过程中的基因表达调控作用以及适应性的研究	李庆顺	博士	2017
6	谢晓丹	环境科学	TiO_2/分子筛对四环素类抗生素的光催化降解及降解后残余抗菌活性测定	周克夫	硕士	2017
7	李艳	环境科学	多世代胁迫下酸化与汞污染对海洋桡足类日本虎斑猛水蚤的效应及其机理研究	王明华	硕士	2017
8	周晓旋	生态学	红树植物秋茄(*Kandelia obovata*)显胎生发育过程形态学观察及转录组分析研究	李庆顺	硕士	2017

续表

序号	作者姓名	专业	论文题目	导师姓名	参评层次	入选年份
9	李锐龙	环境科学	原位研究典型多环芳烃在红树植物根表皮赋存及向组织内部迁移的过程	张勇	博士	2018
10	裴苗	环境科学	新型固相微萃取纤维束的研制及其萃取性能研究	黄晓佳	硕士	2018
11	肖武鹏	环境科学	西太平洋边缘海浮游植物群落演替及其对全球变化的响应研究	黄邦钦	博士	2019
12	李佩聪	环境科学	环境水体中基于邻苯基苯酚—靛酚蓝分光光度法的铵氮测定新方法的研究和应用	马剑	硕士	2019
13	刘文文	生态学	入侵植物互花米草在入侵地和原产地沿纬度梯度的适应进化	张宜辉	博士	2019
14	顾肖璇	生态学	不同叶结构红树植物固碳能力比较:从叶片到植株	陈鹭真	硕士	2019

(二)课程教学

我院共开设34门研究生课程,其中公共课程5门、必修课程12门、选修课程17门。

学院深入开展教学改革,不断创新教学模式,建立自我评估和持续改进机制,鼓励教师编写高水平教材、参加教学比赛,不断完善教学体系和教材内容,大力提升教学质量。2014年、2017年和2019年,我院分别对研究生培养方案进行修订和完善,2017年对所有必修课程展开课程评估,总结经验,发现问题,为课程建设和教学改革提供依据,不断完善课程教学评价监督和质量管理体系。

(注:学院精品课程、教学成果、教材、与教学相关的任职、团队、荣誉等详见第四章列表。)

（三）导师队伍建设

2020年4月，全院共有全职博士生导师34名，硕士生导师70名。同时聘请包括双聘院士、海（境）外专家、行业精英在内的兼职导师参与研究生指导工作。制定出台《厦门大学环境与生态学院研究生指导教师招生资格确认及招生名额分配办法》《厦门大学环境与生态学院博士生指导教师招生资格确认工作实施细则》等系列文件，对导师招生资格进行动态监管和调整，建立导师选聘、培训和考核机制，切实加强师德师风建设和导师指导过程监管，提升导师指导质量。

（四）学术训练

学院积极鼓励研究生参加社会实践和实习训练，加强制度建设与经费支持，将社会（教学）实践纳入培养方案并计入学分。先后开展"香山研究生论坛""三尺讲坛"等系列学生学术交流项目，为强化研究生学术训练搭建了良好的平台。

在开展博士生中期考核、要求学生听取不少于20场学术讲座的基础上，进一步对培养方案进行优化。2018年11月，学院制定出台《环境与生态学院研究生培养方案补充条例》，设立博士生学术报告和研究生学术论坛制度，2019年6月、2020年6月分别举行了第一届、第二届研究生论坛。

博士生（包括硕博连读生和直博生）在学期间，除了入学的第一年，每年均应做一次学术报告。报告一般安排在每学年的第一学期，按专业进行，全体博士生均应参加。报告内容可包括研究工作计划、研究内容、技术方法、阶段性成果、进展展望等。

硕士研究生论坛一般在每学年的第二学期举行。每届各系安排半天至一天，组织5～10个报告，每个报告20分钟。无论是否为报告人，全体硕士生均应参加；每个论坛可设立一个主题，研究生围绕该主题报告各自的阶段性科研成果或本学科领域的研究进展动态。每次硕士研究生论坛按报告人数20%的比例评选出最佳报告人1名，最佳报告人可获2000元科研经费奖励。

（五）对外交流

学院与多所国（境）外知名高校建立广泛的合作与交流关系，先后与美国马里兰大学、美国圣地亚哥州立大学、瑞典隆德大学、台湾大学等高校签署合作协议，开展师生交流，对外交流合作成效显著。

2018 年 11 月，在学校各项资助政策的基础上，制定出台《厦门大学环境与生态学院研究生学术奖励条例》；2019 年，出台《厦门大学环境与生态学院研究生国（境）外访学资助条例》等系列文件，对研究生出国参加学术会议、访学等进行专项资助。

我院所有研究生专业均向国际留学生开放，鼓励导师招收国际留学生，并给予一定的经费资助。

（六）质量监控

学院从 2014 级博士生开始，正式实施中期考核分流。通过对博士生知识技能掌握情况、学术能力、潜力和研究进展等方面进行全面考察，督促博士生认真开展学习和研究，帮助博士生完成各项学业任务并达到学院培养标准要求，同时对不适宜继续学习的博士生进行分流或淘汰。

2018 年秋季开始，设立研究生学年科研进展报告制度。除了应届毕业生，每位博士研究生和硕士研究生应于每年 6 月 30 日前提交一份不少于 1500 字的科研进展书面报告。研究生导师须在其上批改并提出一定字数的意见作为指导记录。

（七）学风教育

学院高度重视研究生学风建设和学术道德教育，建立健全学术规范制度和质量监控体系，全面开展学位论文检测和课程材料抽查，严管学位论文质量，恪守学术诚信。

2017 年 11 月，学院制定出台《环境与生态学院研究生学位论文查重管理规定》，并于 2019 年 5 月、2020 年 1 月进行了两次修订，对所有研究生学位论文在送审和学位申请两个阶段进行查重，并将查重结果及时反馈给学生和导师，重复率超过10%的不得参加论文送审和学位申请。2018年11月，学院制定出台《环境与生态学院学术规范补充条例》，全面规范学术行为，进一步严明学术纪律，维护学术尊严，提升学术素养，营造诚信、严谨、求实的学术氛围。

在每年研究生新生入学教育周，开设《科学道德与学术规范》讲座，组织新生签订《学术行为规范承诺书》；常态化举行科学道德和学风建设宣传教育活动，将坚守学术道德的理念深植学生内心。

充分发挥导师在研究生培养过程中第一责任人的作用，在指导研究生开展科学研究的过程中，教育并规范研究生的学术行为，引导研究生养成诚实守信、求真务实、严谨治学的品格，自觉维护学术尊严，抵制学术不端行为。

第二节　国家级和省部级科研平台

一、近海海洋环境科学国家重点实验室

（一）实验室简介

厦门大学近海海洋环境科学国家重点实验室（英文：State Key Laboratory of Marine Environmental Science，以下简称MEL）于2005年3月获科技部批准建设，2007年顺利通过验收，2010年、2015年连续两次被评为优秀国家重点实验室。MEL由海洋与地球学院、环境与生态学院、生命科学学院共建，现有固定研究人员62人（其中来自我院的教师13人）、技术人员33人、研究助理63人、行政人员7人。研究人员中，中国科学院院士2人、国家高层次人才7人（含青年人才3人）、“长江学者”特聘教授2人、国家杰出青年基金获得者6人、国家高层次人才特殊支持计划领军人才6人、“闽江学者”及厦门大学特聘教授8人、国家优秀青年科学基金获得者5人、教育部“新世纪优秀人才支持计划”入选者8人。MEL还拥有2个国家自然科学基金创新研究群体、1个科技部重点领域创新团队和1个教育部创新团队。

（二）工作成绩

MEL 坚持走国际化发展道路，科学研究力求具备国际视野，管理体系参比国际标准，文化建设崇尚自由宽松，努力建设成为具有重要国际影响力的海洋环境科学研究和创新性人才聚集的基地。

MEL 自成立以来，到位科研总经费 5.32 亿元，其中“973 计划”项目、重大研究计划、重点研发计划重点专项项目 8 项；先后在 *Science*，*Nature* 及其系列子刊和 PNAS 等高影响期刊发表论文 28 篇（MEL 为其中 14 篇的通讯单位），34 篇论文入选 ESI 近十年（2009.1—2019.11）全球高被引论文，5 人入选爱思唯尔（Elsevier）中国高被引学者；研究成果获国家自然科学二等奖 2 项，教育部自然科学一等奖 1 项，福建省自然科学一等奖 2 项。

MEL 通过国际合作基地、“111 引智计划”、访问学者与开放课题基金、“凌峰论坛”等多种形式的合作平台，开展大量高层次学术交流和实质性的科研合作；搭建若干关键领域的联合实验室，与香港海洋污染国家重点实验室建立了伙伴实验室关系，着力推进与美国特拉华大学、缅因大学、法国巴黎第六大学、香港大学、香港科技大学、台湾“中央”研究院等高水平院校的伙伴关系；发起“厦门海洋环境开放科学大会”，举办了多次有较大影响力的大型国际会议及分会；参与联合国科教文组织召开的未来十年全球海洋碳循环综合研究规划；领衔编写可持续海洋经济高级别小组专家组《海洋综合管理蓝皮书》；发起建立的“海洋生物地球化学交叉学科论坛”由戈登会议（Gordon Research Conference）批准成立永久论坛。

MEL 设立优秀博士生基金、杰出博士后基金、本科生暑期科研奖学金，每年举办国际性暑期学校、研究生学术论坛、短期讲习班；支持学生参加国际学术会议、国际暑期班；聘请知名学者开设海洋学核心课程及前沿学术讲座。同时，注重科学传播与公众教育，牵头成立“中国海洋科学卓越伙伴计划（COSEE China）”，建立全国首个致力于创新海洋科学传播模式的海洋媒体实验室——“70.8海洋媒体实验室”，开展每年吸引逾 6000 人的海洋科学开放日等科普项目及活动，旨在普及和提升公众海洋意识和素养，为培养新一代海洋人才贡献力量。

此外，MEL 重点建设了 6 个中心和 14 个功能实验室，以及多个野外台站，向科研人员提供全面开放共享服务，为创新性研究提供技术支撑。为了更好地发挥这些共用平台的作用，实验室于 2008 年 6 月成立了“大型仪器与技术服务中心”（简称 COMET），全面规范管理实验室安全、仪器设备以及技术人员培训和考核，通过网络形式建立资产数据库、预约收费、耗材管理和仪器维护系统，真正实现了分散设备的虚拟集中管理，提高了大型仪器开放共享率。

二、滨海湿地生态系统教育部重点实验室

（一）实验室简介

滨海湿地生态系统教育部重点实验室（厦门大学）（以下简称 WEL）建立在厦门大学著名生物学家唐仲璋、金德祥、林鹏等多位先驱几十年工作的基础上，以生态学国家“双一流”建设学科和环境科学、海洋科学、水生生物学、动物学等国家重点学科为依托。2007 年 12 月，WEL 获得教育部批准建设；2008 年 7 月通过建设论证；2011 年 11 月通过验收并正式运行。验收后，WEL 的依托单位由生命科学学院变更为环境与生态学院。2015 年，在教育部的首轮评估中，WEL 被评为良好。

WEL 瞄准滨海湿地生态系统与全球变化的重大科学前沿，直面国家对沿海区域生态安全与环境保护的重大需求，主攻亚热带滨海湿地生态系统的结构、功能及环境修复，旨在为我国滨海湿地生态系统的保护和恢复提供科学依据，为生态文明建设和经济持续发展提供技术支撑。

截至 2020 年 4 月，实验室有固定人员 52 人，其中，中国科学院院士 1 人，发展中国家科学院院士/欧洲科学院院士 1 人，“长江学者”特聘教授 1 人，国家杰出青年基金获得者 3 人，国家高层次人才特殊支持计划领军人才 4 人，科技部中青年科技创新领军人才 2 人，国家级教学名师 1 人，国家高层次青年人才 2 人，国家优秀青年科学基金获得者 2 人。

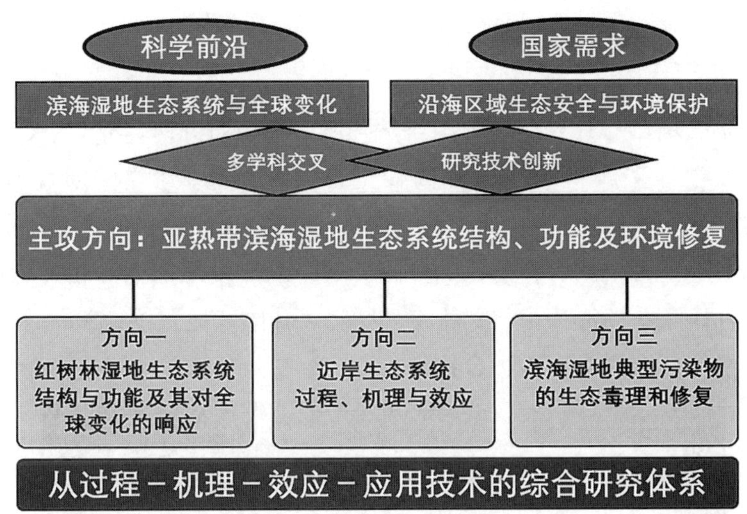

图 3-2-1　滨海湿地生态系统教育部重点实验室定位与主攻方向(郑陈娟　供图)

(二)工作成绩

WEL 主要依托厦门大学环境与生态学院开展建设，成员主要来自环境与生态学院，部分来自生命科学学院和海洋与地球学院。

1.积极承担国家重大项目

实验室自建立以来，承担国家重大项目的能力不断提升，高水平成果不断涌现。2008 年—2020 年 4 月，WEL 主持各级科研项目 720 余项，合同经费约 3.5 亿元。其中，牵头主持国家重点研发计划重点专项项目 5 项，国家自然科学基金重点项目 7 项、国家自然科学杰出青年科学基金 2 项、国家自然科学基金面上项目及青年基金项目 102 项。共发表 SCI 论文 890 余篇，其中发表在 JCR 顶级期刊论文 250 余篇。此外，获授权发明专利约 70 项，出版专著约 40 部，获得国家科学技术发明二等奖 3 项(第二单位)及其他奖项 9 项。

2.深入开展国内外合作交流

自成立以来，WEL 先后与中国科学院城市环境研究所、马里兰大学、路易斯安那州立大学等多所科研院所和高校签订合作协议，建立实质性合作关系。2018 年起，WEL 结合红树林研究特色，重点推进“一带一路”区域合作，与孟加拉库尔纳大学签署框架合作协议，并与马来西亚、印度尼西亚等相关高校和机构建立初步合作联系。2019 年 12 月，获批“111 引智基地”，围绕滨海湿地生态系统与全球变化开展高层次国际合作。

图 3-2-2　WEL 成员访问孟加拉库尔纳大学(2019 年 10 月 31 日—11 月 5 日)
（郑陈娟　供图）

WEL 着力打造高层次的学术交流平台。至今已承办或协办国际性、区域性和全国性学术会议 26 场，包括 “世界自然与保护联盟红树林特别专家组第三届年会”“中国海洋湖沼学会藻类学分会第九届会员大会暨第十八次学术讨论会”“第五届国际红树林、大型底栖动物与管理大会”和“第九届中国红树林学术研讨会”等。举办系列品牌学术活动。其中，“生态与环境讲坛”(注：原名“资源与生态学知名学者讲座”，由 WEL 于 2008 年创办，2013 年 4 月，论坛主办单位增加福建省海陆界面生态环境重点实验室并更名)至今已举办 251 讲；“环境与生态香山论坛”(2013 年创办，由 WEL 与福建省海陆界面生态环境重点实验室联合主办)至今已举办 49 期。举办厦门大学最高层次的学术讲座“南强学术讲座”8 期。设立“访问学者与开放课题基金”，该基金至今共资助 67 项课题。

图 3-2-3 WEL 师生参加在新加坡举行的 5th International Mangrove, Macrobenthos and Management Meeting 合影(2019 年 7 月)(郑陈娟 供图)

图 3-2-4 Edward A. Laws 教授(左)作第 566 期“南强学术讲座”(2013 年 7 月 26 日)(郑陈娟 供图)

3.全力服务社会

WEL 长期致力于滨海湿地生态修复、保育和资源利用，承担“红树林等典型滨海湿地生态恢复和生态功能提升技术研究与示范”“闽三角城市群生态安全保障及海岸带生态修复技术”等多个国家重点研发计划项目，为国家重大需求提供科技支撑。

在公众教育方面，WEL 致力于红树林保育、修复服务及科普宣传。面向中小学生开展与红树林湿地相关的科普知识讲座，2016 年以来，已覆盖约 4000 人次。出版红树林科普图书资料 6 部。自 2014 年起，与“中国海洋科学卓越教育伙伴计划(COSEE China)”、近海海洋环境科学国家重点实验室等单位联合举办厦门大学海洋科学开放日，每年约有 6000～8000 人次参与。此外，自 2015 年起，WEL 与福建省生态学会共同发起“自然讲堂”公益讲座，迄今已举办 9 场。

图 3-2-5　海洋科学开放日活动中“海莲”与快乐的小朋友(2018 年 11 月 4 日)(郑陈娟　供图)

图 3-2-6　工作人员向小朋友介绍红树林中元素的测试原理和方法(2019 年 11 月 3 日)(郑陈娟　供图)

4.大力推动功能实验室、公共平台的建设

WEL 下设红树林湿地生态学等 12 个功能实验室，并建立了 6 个公共平台。近年来，重点推进温室系统、漳江口湿地生态系统野外科研基地等建设。其中，温室系统位于翔安校区八闽园(原名生态植物园)内，2018 年 9 月启动建设，2019 年 12 月完成建设；总占地面积约 1000 m^2，包括 8 套自然生长平台和 1 间高等级玻璃温室(见图 3-2-7)，并配备中控系统和准备间等设施。

A

B

C

图 3-2-7　翔安校区八闽园内初建成的温室系统全景(A)、高等级玻璃温室(B)、自然生长平台(C)(杜俊鸥、陈鹭真、郑陈娟　供图)

三、台湾海峡海洋生态系统教育部野外观测研究站

(一)野外观测研究站简介

台湾海峡海洋生态系统教育部野外科学观测研究站(以下简称台海站)于2019年8月获得教育部批准认定,由“东山海洋福建省野外科学观测研究站”和“漳江口红树林湿地生态系统福建省野外科学观测研究站”联合组建而成。现有固定人员59人,其中科研人员49人,技术人员8人,管理人员2人,分别来自环

境与生态学院和海洋与地球学院。

台海站主要聚焦台湾海峡海洋生态系统的结构与功能，开展长期监测和实验研究，致力于阐明台湾海峡典型海洋生态系统（聚焦近海生态系统、辅以滨海湿地生态系统）长期演变过程、机制及连通性，揭示该生态系统对气候变化和人类活动的响应特征，开展海洋生态环境及生物资源可持续利用技术示范与应用，旨在建成国际一流的海洋生态系统观测体系与临海实验科学平台，海洋生态文明智库和人才培养基地及综合型国家野外台站。

台海站拥有 2 个综合实验场（漳江口实验场和东山实验场）、4 个长期观测区域（上升流生态系统长期观测区、东山湾生态系统长期观测区、厦门湾生态系统长期观测区、漳江口湿地生态系统长期观测区）。综合实验场总用地面积 106 亩，其中漳江口实验场主体大楼（建筑面积 10039.44 m^2）于 2019 年 3 月开工建设，预计 2020 年底竣工；东山实验场一期主体大楼（建筑面积 4432 m^2）于 2017 年 6 月启用。

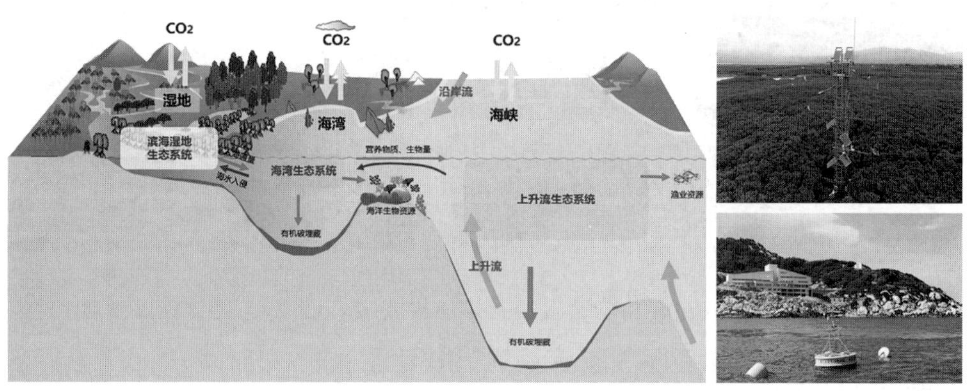

图 3-2-8　台海站所观测的生态系统示意图及其观测体系

（陈纪新、郑陈娟、许心雅　供图）

图 3-2-9　科技部基础研究司副司长郭志伟(中)考察东山站
(2019 年 8 月 1 日)(郑陈娟　供图)

(二)综合实验场简介

漳江口实验场坐落于漳州云霄县的漳江口红树林国家级自然保护区,原为"厦门大学漳江口红树林湿地生态系统定位研究站",于 2008 年 8 月建立。东山实验场坐落于东山县西埔镇冬古村苏峰山,原为"厦门大学东山太古海洋观测与实验站",2012 年 10 月启动建设。2018 年 12 月,"厦门大学漳江口红树林湿地生态系统定位研究站"和"厦门大学东山太古海洋观测与实验站"分别获福建省科技厅批准成为福建省野外科学观测研究站;2019 年 7 月,两站联合组建台海站;2019 年 8 月,台海站获批教育部野外科学观测研究站,下设漳江口实验场和东山实验场。

漳江口实验场主要依托厦门大学环境与生态学院、滨海湿地生态系统教育部重点实验室开展建设。漳江口实验场以红树林等典型滨海湿地生态系统的结构与功能、生态系统生物多样性的维持机制、生态系统对全球变化和人类活动的响应为主要研究内容,建立了植物群落、鸟类、底栖动物、鱼类等固定样地,配备有实时观测红树林生态系统碳水通量的涡度协方差系统等。漳江口实验场成为厦门大学、福建省和国家相关部门重要的野外观测和教学实习实践平台，获批教育部“国家理科野外实践教育共享平台”首批32个基地之一（2012年）和福建省“大学生校外实践教育基地”（2012年）等。漳江口实验场旨在建成覆盖湿地—河口—港湾生态系统的野外连续观测体系、开放共享的滨海湿地生态系统科学研究平台、高质量的人才培养基地和公众教育基地，以及特色鲜明的国际合作基地。

图3-2-10 漳江口站面向全国“理科人才培养基地”高校开展野外实践活动（2013年7月）（陈小麟 供图）

东山实验场在太古集团慈善信托基金的部分捐赠下启动建设，目前主要依托近海海洋环境科学国家重点实验室开展建设。东山实验场地处东海和南海交界的关键海区，占地87.59亩，一期工程于2017年5月31日落成并开始投入使用。东山实验场可开展近海原位观测、海洋实验生态研究及监测仪器测试等工作，以监测全球气候变化及由人类活动引起的环境变化对海洋生态系统造成的影响为研究方向，将建成长期稳定的海—陆—气界面环境要素观测平台、开放的海洋科学与技术实验基地、海洋观测仪器研究与测试基地以及科普及教学实习基地，并致力于成为海洋观测与实验的国际合作基地。

(三)工作成绩

台海站的观测历史悠久,综合航次调查及定点采样等工作可追溯至 1987 年。目前,台海站已形成较完善的观测与实验体系,建立了以亚热带海湾、近岸上升流为代表的"海湾—海峡"观测体系和红树林、盐沼生态系统为代表的滨海湿地观测体系,构建了台湾海峡上升流生态系统数据库、海湾生态系统数据库、湿地生态系统观测数据库等 3 个数据库,共含 13 个数据集,约 1TB 的数据量。

2019 年,台海站组建第一届学术委员会,邀请国内外相关领域的 17 位专家担任学术委员,中国科学院生态环境研究中心傅伯杰院士任学术委员会主任,中国科学院南海海洋研究所张偲院士任学术委员会副主任。2019 年 9 月 11 日,台海站第一届学术委员会第一次会议在东山实验场顺利召开(见图 3-2-11)。

图 3-2-11 2019 年 9 月 11 日第一届学术委员会第一次会议合影(郑陈娟 供图)

四、福建省海陆界面生态环境重点实验室

（一）实验室简介

福建省海陆界面生态环境重点实验室（The Fujian Provincial Key Laboratory for Coastal Ecology and Environmental Studies，以下简称 CEES），由厦门大学与福建海洋研究所联合共建，其前身为成立于 2000 年的教育部—福建省海洋环境科学联合重点实验室（简称联合实验室），开创了国内省部共建重点实验室的先河。2005 年，以联合实验室主体为依托，厦门大学获批建设近海海洋环境科学国家重点实验室。之后，当时未列入 MEL 建设的“海岸带可持续发展”“海陆界面过程及其生态响应”等研究方向，继续在联合实验室的框架下发展。2008 年 10 月，联合实验室正式纳入福建省重点实验室管理体系；2011 年 11 月正式更名为现名；2014 年 4 月，CEES 顺利通过更名后的首次考核评估；2017 年 12 月，CEES 获评“福建省优秀重点实验室”。

CEES 以台湾海峡及其毗邻近海—流域为典型研究区域，瞄准全球变化和人类活动等多重压力下近海—流域生态系统演变机制的重大科学前沿，针对国家与地方对近海—流域生态安全和防灾减灾的重大需求，主攻区域海洋生态环

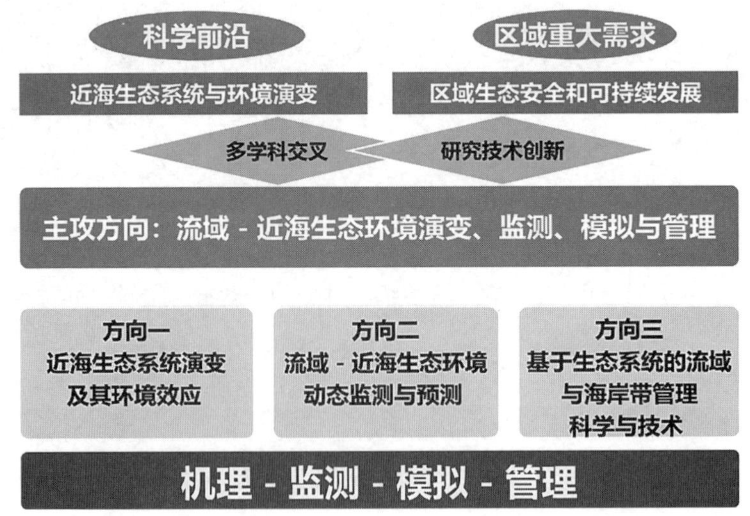

图 3-2-12　CEES 实验室主攻方向（黄水英　供图）

境演变研究与海陆统筹管理，旨在提高区域海洋与海岸带管理的科技服务能力，促进海峡两岸海洋生态环境领域的合作，为建设福建海洋强省、为海峡西岸经济区的可持续发展提供科学技术支撑。

截至 2020 年 4 月，CEES 有固定研究人员 38 人，由来自环境与生态学院、海洋与地球学院和福建海洋研究所的人员组成。其中，博士 31 人；国家杰出青年基金获得者 1 人，国家优秀青年科学基金获得者 1 人，教育部"新世纪优秀人才支持计划"入选者 3 人，"闽江学者"特聘教授 2 人，福建省特支计划"双百计划"科技创新领军人才 1 人，福建省杰出青年基金获得者 1 人，"福建省高等学校新世纪优秀人才支持计划"入选者 9 人；厦门大学特聘教授 1 人，厦门大学"南强青年拔尖人才支持计划"A 类入选者 1 人，厦门大学"南强青年拔尖人才支持计划"B 类入选者 1 人。实验室已形成一支研究特色明显、具有较强创新能力、结构合理、团结协作的研究团队，为科研工作的良性、高效开展奠定了人才基础。

（二）工作成绩

CEES 坚持立足海西、辐射东南亚，走国际化和区域化（台港地区）发展道路，经过多年建设和发展，实验室聚焦流域—河口—近海一体化的研究特色更加突出，科学研究实力与创新能力显著提高，凝聚和吸引人才的能力明显提升，宽松进取的学术氛围日渐形成，已成为海陆界面生态环境学科领域科学研究、人才培养和国际（地区）交流的重要平台，成为服务海西和全国环境健康与生态文明建设的重要基地。

1.显著提升科研水平与创新能力

近 5 年来，实验室到位经费超过 1.6 亿元，承担国家重大科技计划的能力不断增强，主持国家重点研发计划 3 项，外交部"中国—东盟海上合作基金"1 项，国家自然科学基金 40 余项；获国家技术发明二等奖 1 项（第二单位），省部级科技成果奖励 2 项；制定国家技术标准 1 项，地方标准 1 项；发表 SCI 论文 130 余篇，出版学术专著/编著 6 部，出版国际专刊 2 期，获授权发明专利 20 余项。

2.积极建设具有陆海界面观测特色的现场多手段支撑平台

以“延平 2 号”和“海洋 2 号”科考船为支撑(见图 3-2-13),完善区域共享调查船体系,持续主持国家自然科学基金台湾海峡共享航次,并自主设立九龙江河口—厦门湾共享航次,逐步建立海上观测平台共建共享与海洋现场数据长期积累机制,实现流域—河口—近海的同步观测(见图3-2-14)。逐步构建亚热带典

图 3-2-13　“延平 2 号”科学考察船(左图)(刘四光　供图)
“海洋 2 号”科学考察船(右图)(陈能汪　供图)

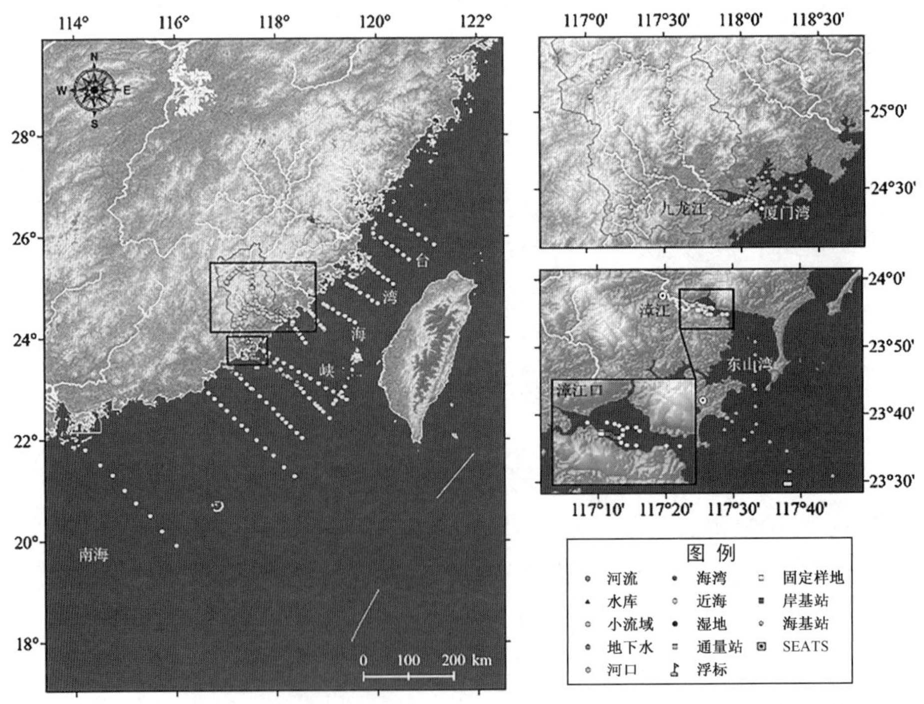

图 3-2-14　CEES 实验室流域—河口—台湾海峡观测网络(黄水英　供图)

型海陆界面生态环境长期观测台站，建成覆盖流域—河口—近海的观测网络，积极推进台海站建设，参与推动其获批教育部台站，为陆海界面生态与环境研究提供有力支撑。

3.着力打造两岸学术合作与交流品牌

2009年，CEES发起海峡两岸海洋环境监测及预报技术研讨会，旨在"提升海峡两岸在海洋环境监测及预报技术的研究和应用能力，提升海峡两岸防灾减灾能力，为海峡两岸海洋经济发展提供生态环境安全保障，造福海峡两岸人民"。研讨会每1～2年由两岸轮流举办，迄今已分别在中坜、厦门、基隆、金门、厦门、平潭、澎湖、武汉召开八届。十年来，议题不断深化，技术不断创新，科学研究和实务应用相互促进，意义深远。该研讨会已成为海峡两岸在海洋环境领域"政产学研用"合作创新的重要平台。此外，CEES还积极开展多层次、多方位的学术交流与合作。2013年至2020年4月，CEES举办大型国际/国内学术会议7场，

图3-2-15　实验室在武汉主办"第八届海峡两岸海洋环境监测及预报技术研讨会"(2019年10月)

（黄水英　供图）

“环境与生态香山论坛”(与滨海湿地生态系统教育部重点实验室联合主办)49期,“生态与环境讲坛”(与滨海湿地生态系统教育部重点实验室联合主办)251讲,设立“访问学者开放基金”20余项。

图3-2-16 实验室举办香山论坛第一讲“台湾海峡生态系统与生物地球化学”(2015年3月)
(黄水英　供图)

4.持续增强社会服务能力

CEES积极开展技术咨询与技术服务,推进成果转化。近五年,实验室承担国家、省市地方业务部门及企事业单位委托课题200余项,为各级业务主管部门提供海域规划管理、环境保护,涉海及环保建设项目的管理、审批工作等方面的技术支持,帮助一些环保、园林、食品企事业单位解决技术难题。2005年起,承办商务部援外培训“海岸带综合管理与技术学习培训班”,迄今已培训来自“一带一路”沿线近百个发展中国家的近千名政府官员和业务人员,有力促进了中国与这些国家的大学及研究所在海洋、环保等方面的合作交流。实验室还积极推进科技文化传播,通过“4.20地球日”“6.5环境日”举办公众科普讲座,参与中国海洋科学卓越教育伙伴计划(COSEE China)的“海洋环境科学开放日”科普活动,利用一年一度的厦门国际海洋周，协办科技论坛，向公众普及海洋和生态环境科学知识，提高公民的海洋和生态环境保护意识。

图 3-2-17　利比亚海水养殖技术培训班合影(2019 年)(张影　供图)

五、福建省海岸带污染防控重点实验室

福建省海岸带污染防控重点实验室(厦门大学)(Fujian Key Laboratory of Coastal Pollution Prevention and Control，以下简称 CPPC)于 2019 年 6 月获批建设。该实验室依托白敏冬领衔的国家科技部重点领域创新团队——基于羟基自由基高级氧化的海岸带污染防控团队进行建设。2019 年 12 月，实验室敦聘潘德炉院士、张偲院士、戴民汉院士、任洪强院士等知名学者为实验室学术委员会委员，并召开第一届学术委员会会议(见图 3-2-19)。

图 3-2-18　自然资源部第二海洋研究所潘德炉院士(左)与厦门大学副校长江云宝教授(右)为 CPPC 揭牌(2019 年 12 月 2 日)(郑琦琳　供图)

图 3-2-19　CPPC 召开第一届学术委员会会议(2019 年 12 月 2 日)(郑琦琳　供图)

CPPC 立足于国家对沿海区域生态安全与保护的重大需求，从事基础理论、应用基础、技术工程应用研究，解决我国海岸带污染防控的重大科学问题、技术瓶颈问题，保障海岸带环境生态安全，为海洋强国和生态文明建设提供科技支撑。实验室现有固定成员 21 人，其中“长江学者”特聘教授 1 人，国家杰出青年基金获得者 1 人，入选国家高层次人才特殊支持计划和国家高层次青年人才计划 2 人，入选国家级百千万人才工程 2 人，国家重点科研计划首席科学家 2 人，福建省“高等学校新世纪优秀人才”3 人。

六、福建省滨海湿地保护与生态恢复工程技术研究中心

（一）中心简介

福建省滨海湿地保护与生态恢复工程技术研究中心（以下简称中心）充分利用厦门大学的研究基础和学科优势，研发滨海湿地保护与生态恢复工程先进技术。中心于 2010 年 8 月获福建省科学技术厅批准建设，2013 年 9 月通过验收正式运行。自 2011 年 12 月起，依托单位由生命科学学院变更为环境与生态学院。

图 3-2-20　陈小麟（左一）在中心验收现场汇报（2013 年 11 月 19 日）
（郑陈娟　供图）

中心结合厦门区域内的“厦门海洋珍稀物种国家级自然保护区”、福建省境内的 5 个国内重要滨海湿地，紧紧围绕福建省滨海湿地退化、珍稀水鸟资源的濒危、滨海水域污染、滨海城市建设等生态环境问题，以滨海湿地保护和生态修复为主要目标，以滨海湿地生物多样性保护和生态恢复为突破口，在滨海水鸟资源监测、湿地珍稀水鸟繁育、滨海湿地生态恢复、红树林湿地入侵植物防治以及滨海建筑生态景观配置等方面，进行重点技术研发。

中心旨在建设成为基础和应用基础研究、技术推广和科技产业化紧密结合的研究中心，成为我国在滨海湿地保护和生态修复领域的科研成果转化中试平台、相关环保和生态企业新技术新产品的源头、公益性共享资源的储备基地、行业技术骨干的培训基地、行业技术咨询服务以及国内外交流合作的中心。

中心现有主要成员 23 人，其中教授 6 人，副教授 7 人，其他研究人员 7 人。

（二）工作成绩

自成立以来，中心构建了以生物多样性保育为基础的滨海湿地修复技术体系，修复对象从红树林湿地扩展至隐蔽海湾、沙质海岸、淤泥质海岸和海岛，在珍稀濒危物种种群恢复方面别具特色。指导滨海湿地修复项目“福建厦门下潭尾红树林修复”、牵头编写了《红树林植被恢复技术指南（HY/T 214－2017）》《海岸后滨沙地植被修复指南》等技术标准；出版了国内第一本滨海沙地植被修复技术专著《南方滨海沙生植物资源及沙地植被修复》，构建了国内迄今最完整的南方滨海耐盐植物资源数据库。

图 3-2-21　滨海植物修复、温地水鸟代表性专著（郑陈娟　供图）

中心承担了大量的滨海湿地修复技术咨询、培训及科普工作，编写了系列科普材料。主（承）办了第九届中国红树林学术研讨会、滨海湿地植被修复技术研讨会、世界自然与保护联盟红树林特别专家组第三届年会等相关会议及培训，参加培训及会议交流超过1200人次。

成立至今，中心承担国家级和省部级项目36项；研发滨海湿地保护和生态恢复的相关技术25项，获得授权国家发明专利5项，出版湿地修复等相关专著7部；获得国家科技发明奖1项（第二单位）、海洋科学技术奖3项（第一单位2项，第二单位1项）。此外，与福建省春天生态科技股份有限公司（国家级高新企业）、厦门万银环境科技股份有限公司（国家级高新企业）建立了长期合作关系。

七、福建省水环境健康与安全协同创新中心

水环境健康与安全协同创新中心（以下简称协创中心）成立于2013年12月，是由厦门大学牵头，中国科学院城市环境研究所、福州大学、福建省环境科学研究院和福建师范大学为核心协同单位，并联合省内十余家相关企事业单位共同组建的协同创新体。2015年3月，中心被福建省教育厅正式认定为省级“2011协同创新中心”。

图3-2-22　水环境健康与协同创新中心各协同单位代表共同为中心揭牌（2015年1月23日）（诸姮　供图）

协创中心面向生态文明建设与水污染防治国家战略，瞄准海西区域经济和社会发展所面临的重大水环境健康和安全问题开展工作，研究内容包括水环境监测及监控技术、水污染环境效应和人类健康、水污染控制和水环境修复技术、水安全预警及其应急对策、近海—流域规划和管理。

协创中心围绕科技创新、人才培养和学科建设3条主线，强化体制机制改革和产学研紧密结合两大保障，为国家和地方水环境保护领域的人才培养、技术研发和决策咨询提供支撑。

第三节　校级和院级科研平台

一、厦门大学环境科学研究中心

（一）中心简介

厦门大学环境科学研究中心（以下简称环科中心），其前身为诞生于1982年的厦门大学环境科学研究所。1992年，为顺应我国社会经济迅速发展和学科发展的需求，由洪华生教授牵头，整合学校海洋学系、化学系、生物学系和分析测试中心等单位的相关研究力量，在原环境科学研究所的基础上成立了环境科学研究中心，以“面向海洋、内联外合、培养人才、服务社会”为宗旨，充分发挥我校海洋优势，大力发展海洋环境科学。经过30多年的发展，环科中心以学术为魂，以育人为本，秉承求真、务实、勤勉和团结合作的优良传统，形成了以海洋环境为特色与优势的学科体系和科研平台，凝聚和培养了一大批优秀人才，在生物地球化学与全球变迁、生态系统与环境变化、环境化学与监测、环境毒理学、环境管理等方向成果丰硕，成为在国内外海洋环境领域的高等教育和研究方面享有嘉誉的研究机构。

（二）工作成绩

30多年来，经过数代环科人的不懈努力和奋斗，环科中心始终坚持海洋环境的特色和优势，在学科建设、平台建设、科学研究、人才培养等方面取得卓越成效，为厦门大学海洋环境学科和优秀国家重点实验室的建设奠定了坚实基础。

在学科建设方面，环科中心自成立以来，始终以海洋环境科学为研究特色和重点，开启厦门大学海洋环境学科发展的新起点。1994 年，建立环境科学硕士点；1995 年，建立环境海洋学博士点，1997 年，环境海洋学博士点更名为环境科学博士点；2003 年，建立环境科学与工程一级学科博士点和博士后流动站；2004 年，成为环境科学国家重点学科；2007 年，建立我国第一个海洋事务硕士点，2014 年，建立海洋事务博士点。历经洪华生、袁东星、卢昌义、张珞平、戴民汉、焦念志、黄邦钦、王大志、史大林等学科带头人的开拓、传承与创新，建立起完善的学科体系，以“学科门类齐全、文理交叉渗透、海洋特色鲜明、科研教学互动、国际交流活跃”为主要特点，发展形成了包括海洋生物地球化学、微型生物生态学、环境海洋学、环境化学、环境生态学、环境生物学、环境毒理学、环境管理、环境工程、环境经济学、环境评价学等多个分支学科。

在平台建设方面，积极搭建高水平科研平台，筑巢引凤，构筑人才聚集高地。1995 年，创建厦门大学海洋生态环境国家教委开放研究实验室（1999 年更名为厦门大学海洋环境科学教育部重点实验室）。1996 年，与海洋学系及教育部亚热带海洋研究所共同组建海洋与环境学院。2000 年，成立环境科学与工程系。2001 年，成立厦门海岸带可持续发展国际培训中心。2005 年，海洋环境科学教育部重点实验室升格为近海海洋环境科学国家重点实验室。同年，成立跨文理学科的厦门大学海洋与海岸带发展研究院。其中，近海海洋环境科学国家重点实验室于 2010 年、2015 年连续两次获评“优秀国家重点实验室”，已成为特色鲜明、富有国际声誉的海洋生物地球化学研究中心。

在科学研究和人才培养方面，充分发挥厦门大学综合学科和地域优势，以海洋环境为学科特色，积极推动与全球变化和环境保护相关的基础和应用研究。承担了包括国家“973 计划”“863 计划”、国家自然科学基金创新研究群体科学基金、国家自然科学基金重大和重点项目、教育部创新团队以及“908”专项等一系列国家和省部级课题，在海洋生物地球化学、微型生物生态学、环境化学及生态毒理学、区域环境生态响应、湿地生态保护与修复工程、海岸带资源与环境管理等方向上取得了一大批高水平的理论和技术研究成果，学术论文屡见于 *Science*、*PNAS*、*Nature Communications*、*ES&T* 等权威期刊，同时也为国家和地方的海洋环境保护、防灾减灾和生态文明建设提供了重要科技支撑与服务。科学研究取得突破的同时也极大地提升了环科中心科研人员的素质，其中焦念志在海洋碳循环有关的微型生物生态过程与机制方面取得原创性系统成果，于2011年当选中国科学院院士；戴民汉系统地研究了中国近海与主要河口碳循环，揭示其CO_2源汇格局、关键控制过程与机理，于2017年当选中国科学院院士。

二、厦门大学环境影响评价中心

厦门大学自1984年开始开展环境影响评价工作，是福建省最早从事规划环境影响评价的单位。1987年，学校获得福建省环境保护局核发的乙级环境影响评价证书。1994年，开始持有原国家环保总局颁发的甲级环境影响评价证书。2006年4月，学校成立厦门大学环境影响评价中心（以下简称环评中心），挂靠厦门大学海洋与海岸带发展研究院管理。2010年，环评中心顺利通过原国家环保总局组织的甲级建设项目环境影响评价资质延续考核。2015年12月2日，环评中心挂靠单位调整为环境与生态学院。

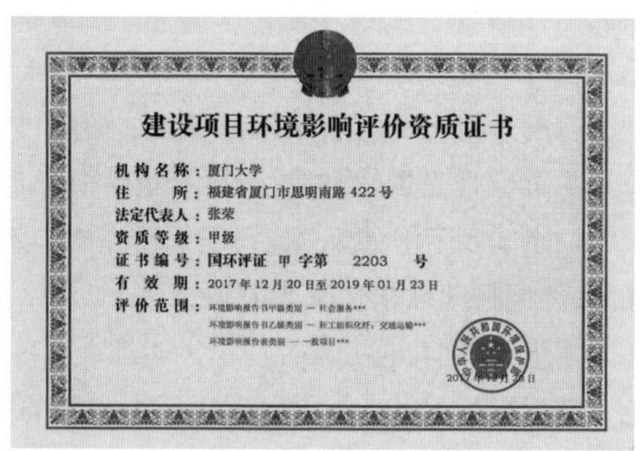

建设项目环境影响评价资质证书

机构名称：厦门大学
住　　所：福建省厦门市思明南路422号
法定代表人：张荣
资质等级：甲级
证书编号：国环评证　甲　字第　2203　号
有 效 期：2017年12月20日至2019年01月23日
评价范围：环境影响报告书甲级类别 — 社会服务***
环境影响报告书乙级类别 — 轻工纺织化纤；交通运输***
环境影响报告表类别 — 一般项目***

图3-3-1　环境影响评价甲级资质证书（陈韬澜　供图）

环评中心依托厦门大学学科门类齐全、人才众多的优势，承接海洋、化工、机械、建筑设计、能源开发、环境规划和环境工程等相关行业的环境影响评价工作，为地方社会经济发展和环境保护作出了应有的贡献。

环评中心开展环境影响评价的行业资质范围主要包括社会区域（含围填

海)、轻工纺织化纤和交通运输行业，涉及地表水、地下水、海水、大气、声学、固废、生态、水土保持、社会经济等要素的环境影响评价。自1985年以来，厦门大学已完成相关建设项目环境影响评价报告700多项，包括350余项环境影响报告书和360余项环境影响报告表，完成规划(战略)环境评价约40项。

根据全国人民代表大会常务委员会关于修改《中华人民共和国劳动法》等七部法律的决定(中华人民共和国主席令第二十四号)，自2019年1月19日起，建设项目环境影响评价取消资质行政许可。环评中心自此不再以评价执行机构承接建设项目的环境影响评价工作。

三、厦门大学海洋与海岸带发展研究院

(一)研究院简介

海洋与海岸带可持续发展是全球可持续发展议程的重要领域，需要多学科交叉研究。在联合国发展署(UNDP)、东亚海环境管理伙伴组织(PEMSEA)、国家海洋局、厦门市政府的支持下，厦门大学于2005年10月成立了海洋与海岸带发展研究院(以下简称海发院)。海发院是一个校级综合性文理工交叉平台，成立宗旨是充分发挥厦门大学综合性大学的学科资源优势，推动多学科交叉的研究、教学和对外应用及咨询服务。其主要发展目标是：培养高素质综合型应用研究和管理人才，促进国际和区域教育及研究合作，为海洋与海岸带可持续发展提供科技支撑。

海发院目前拥有兼职教师50余名，来自环境与生态学院、海洋与地球学院、法学院、经济学院、管理学院、公共事务学院、公共政策研究院等相关学院。海发院主要涉及三大研究领域：海洋政策与法律、海洋经济、海洋与海岸带综合管理，同时为国内外提供海洋资源开发与环境管理人才培训服务。

（二）工作成绩

1.培养高层次、国际化、复合型人才

（1）海洋事务交叉二级学科

海发院于2007年创办了海洋事务国际硕士项目，这是厦门大学第一批国际硕士项目之一。项目同时面向国内外招生，实行全英文授课。

2012年，海洋事务专业获教育部批准，成为依托海洋科学、环境科学与工程、法学、应用经济学和公共管理五个一级学科的自主设置交叉二级学科，为厦门大学首批设立的交叉学科之一。海洋事务同时具有博、硕士招生资格，博士招生于2014年正式启动。

截至2020年4月，海洋事务项目共计招收学生236人（博士生32人、硕士生204人），其中占比约40％为国际生，共94人（博士生10人、硕士生84人）。

海洋事务专业与美国罗德岛大学、华盛顿大学、特拉华大学、印尼茂物农业大学以及我国台湾地区的台湾海洋大学、金门大学等建立了良好的合作渠道，双方师生交流与互动深入频繁。

（2）海洋与海岸带综合管理高端人才培训基地

厦门海岸带可持续发展国际培训中心（1997年成立，依托海发院运作管理）被东亚海环境管理伙伴组织（PEMSEA）指定为该项目海岸带综合管理的区域培训基地，共举办40多次国内外海洋与海岸带综合管理培训和学习考察活动，学员总数超过1200人。

2013年8月，福建省海洋与渔业厅、厦门大学签订战略合作协议，共建“海洋事务东南基地”，并依托海发院建设管理。该基地在海洋发展战略与政策、海洋法律、海洋经济发展、海洋生态环境保护和海洋与海岸带管理等与海洋事务相关的科学研究、能力建设和人才培训等相关方面开展工作。成立以来，基地接受涉海管理机构、部门和企业委托，根据需求制订培训计划和教学方案，举办不同专题的短期培训班；不定期举办“海洋博士海峡西岸行”活动，促进“百千万海洋人才工程”的建设。

（3）中国—东盟海岸带可持续发展能力建设与交流平台

获外交部中国—东盟海上合作基金项目支持，海发院于2019年正式启动

“中国东盟海岸带可持续发展能力建设与交流平台”建设。项目旨在建立面向东盟国家的多层次海洋管理人才培养合作机制，推动教育合作，从而助力推进国家“一带一路”倡议。2019年，项目主办“海岸带可持续发展能力建设夏令营”，设立“中国－东盟海岸带可持续发展”奖学金，与印尼茂物农业大学、哥斯达黎加国立大学分别签订合作协议，并推动学校与印尼卡渣玛达大学签订校级合作备忘录。另外，项目还组织了2场国际培训。

2.促进海洋与海岸带可持续发展学科交叉研究

海发院围绕海洋政策与法律，海洋经济以及海洋与海岸带综合管理三大交叉研究方向，共发表论文近650篇，撰写论著33部；科研项目近300项，合同经费1.7亿元。海发院在国内外海洋管理领域形成了较广泛的影响力，2020年获东亚海环境管理伙伴组织（PEMSEA）批准，成为其海岸带可持续发展领域的“区域卓越研究中心”（Regional Center of Excellence，RCoE）。

一是高度重视科研成果转化。海发院围绕海洋强国及生态文明建设国家战略，立足福建、服务全国、面向全球，以国家区域重大决策问题为牵引，充分利用涉海交叉集成研究优势，开展战略性、前瞻性、系统性、综合性政策研究。自成立以来，提交政策信息近百篇，完成的技术咨询报告包括“福建省海湾数模与环境研究”“福建省蓝色经济发展评估”“福建省海洋生态系统服务价值评估”“福建省海洋生态损害补偿标准”、《福建省海岸带保护与利用管理条例》（参与制定）、厦门市海洋生态损害补偿标准等。

二是积极促进学科交叉。海发院是厦门大学“两岸关系和平发展协同创新中心”的重要协同单位，积极参与“公共政策与地方治理协同创新中心（2016年成功获批升级2011协同创新中心）”及“21世纪海上丝绸之路协同创新中心”的申报和筹建工作。目前，海发院正积极参与“海洋资源环境与生态文明学科群”和“一带一路”研究交叉学科群两个国家一流学科群的建设。

3.举办高水平国际论坛

海发院参与推动“厦门国际海洋周”的创立，并为每届论坛的成功举办提供支持。经过多年的发展，一年一度的“厦门国际海洋周”成为联系全球海洋政策、科学技术、决策和行动的平台，也是我国海洋领域主场外交的重要平台。2011年，在海发院的不断努力下，厦门大学正式成为“厦门国际海洋周”的主办单位之一。积极主办和协办高水平的学术论坛，包括与福建省海洋预报台合办的系列海洋防灾减灾国际论坛、系列海洋事务高端论坛、促进东亚蓝色经济投资研讨会等。至2020年4月，海发院主(承)办9次会议，参会人员达700人；代表厦门大学与其他主办单位共同承担12场海洋周主论坛的协助组织工作，参会人员超过6000人。

4.构建国际合作网络

海发院积极服务国家“一带一路”倡议，优先发展与东亚海区域科研单位合作，积极拓展与美国、荷兰、澳大利亚、韩国、日本、马来西亚、新加坡、印尼、哥斯达黎加等国家的高校和科研院所合作。目前，海发院与东亚海环境管理伙伴组织(PEMSEA)、韩国海洋水产开发院(KMI)、瑞典水资源研究所(SIWI)等组织机构保持着紧密的合作关系。

海发院于2011年成为东亚海海岸带可持续发展地方政府网络(PNLG)协作单位，2012年成为PNLG秘书处副秘书长单位，2018年当选PEMSEA知识中心网络(PNLC)共同主席单位。

东亚海海洋政策研究网络(OPINEAR)成员来自中国、日本、韩国、马来西亚、印尼、新加坡等国，海发院于2010年成为OPINEAR的正式成员。

2013年，由斯德哥尔摩国际水资源研究所(SIWI)牵头，海发院代表厦门大学，与联合国开发计划署(UNDP)、全球环境基金(GEF)、联合国环境署全球行动纲领(UNEP/GPA)、三角洲国际联盟(Delta Alliance International)、国际水伙伴(GWP)、斯德哥尔摩环境研究所(SEI)等众多重要国际组织一起，共同发起成立了“Action Platform on Source to Sea Management”(从源头到海洋之管理行动平台)，促进淡水、海岸带与海洋领域综合管理。

四、环境与生态学院公共仪器管理中心

学院成立之初，缺少相关大型仪器设备。2013 年，在学校“985 工程”经费支持下，学院购入了一批学科建设与发展急需的大型仪器设备。当年 6 月，学院成立公共仪器平台，将学院公共经费购买的仪器设备纳入集中管理。2018 年 10 月，公共仪器平台更名为“公共仪器管理中心”（以下简称仪器中心）。在学院逐年投入经费的支持下，公共仪器设备不断增加，截至 2020 年 4 月，仪器中心拥有各类仪器设备合计 100 台/套，总价值 2073 万元。主要仪器设备有高通量 DNA 测序平台、元素分析仪、非损伤微测平台、全自动营养盐分析仪、电感耦合等离子体质谱仪等，可用于开展基因蛋白组学、水体、大气、土壤、植被等方面的研究。

仪器中心着力建设成为全方位开放共享的仪器设备服务体系，为科研工作提供技术支撑和服务。工程技术人员从成立之初的 4 人增加至现在的 8 人（其中博士 3 人、硕士 5 人）。它负责所属大型仪器设备的日常管理与维护，确保仪器设备平稳运行，提供仪器设备开放共享和有偿测试服务；提供基础科研设施，如公共纯水系统、低温实验室、细胞培养室、植物培养间等的使用服务；同时，仪器中心也承担学院实验室安全、实验室废物废液回收、通风系统维护等实验室后勤保障服务。2015 年以来，仪器中心为来自本院及海洋与地球学院、能源学院、药学院、医学院、公共卫生学院、生命科学学院的 135 个课题组，提供了累计 11054 人次预约使用服务，服务时长达 44677 小时（上述数据统计截至 2020 年 4 月）。

为更好地发挥公用平台的作用，提高信息化管理水平，提升大型仪器的开放共享率，仪器中心不断加强信息化建设。自 2018 年起，在中央高校改善基本办学条件专项资金——“实验室信息化建设”项目的支持下，初步建成全新的“环境与生态学院实验室资源管理系统”。该系统集成了仪器中心信息门户网站、仪器预约、门禁联动、视频监控联动、收费统计及实验室动力环境监控系统等模块。通过信息化升级建设，仪器中心实现智能化管理，部分仪器实现 24 小时全天候开放使用，提高了实验室公共资源的利用率，提升了仪器中心的服务水平。

2019 年 6 月，仪器中心获评“2019 年度厦门大学实验室与设备管理先进集体”称号。

五、厦门大学生态文明研究院

厦门大学生态文明研究院（以下简称研究院）成立于 2018 年 6 月 1 日，是厦门大学的校级研究平台，由环境与生态学院牵头，联合相关学院建设。

研究院面向生态文明建设国家战略和地方需求，整合全校海洋科学、环境科学与工程、生态学、城市规划、经济学、法学、人文学科、管理学和信息学等多学科的教学和科研资源，充分发挥文、理、工学科交叉研究优势，旨在建设世界一流的环境与生态学科，推动政、产、学、研、商合作，为加快建设“绿色中国”提供科技支撑和政策咨询，为企业发展提供科学指导和技术支持，其目标是建成集科学研究、社会服务和国家智库于一体的国家级平台。

研究院的研究内容主要包括生态文明理论与生态文化、生态文明建设政策与制度、生态文明建设管理技术、环境保护及污染控制技术、生态系统保护与修复技术、海绵城市规划与技术、绿色制造与低碳发展技术、生态文明建设人力资源开发、生态文明教育等。

图 3-3-2　厦门大学生态文明研究院揭牌仪式（2018 年 6 月 9 日）（诸姮　供图）

2018 年 6 月 9 日，在厦门大学生态文明研究院揭牌仪式上，厦门大学敦聘国务院参事、中国城市科学研究会理事长仇保兴博士为研究院院长。

自成立以来，研究院积极服务国家和区域发展战略，承担一系列地方生态文明建设规划重大项目，如“龙岩生态文明示范市规划”“福建省综合性生态补偿方案”“宁波梅山蓝色海湾示范性工程”“巢湖水体污染控制与治理科技重大专项”“黑臭水体污染控制及水环境质量提升关键技术研发”等。积极推动境内外合作交流，承办了“2018 厦门数字水论坛暨第 14 届国际可持续水环境会议”“2018 海峡两岸环境与生态研讨会”、首届“数字流域与河长论坛”“2019 年海峡两岸青年学者产业技术论坛”等高水平系列学术会议（论坛）。在研究院成立后，学院生态文明培训中心纳入研究院运行管理。研究院进一步完善课程体系，强化授课师资队伍，面向政府及相关部门需求“定制化”开设高端研修班，不断提升学科影响力。

第四节　实验教学平台

环境与生态学院实验教学中心

（一）中心简介

环境与生态学院实验教学中心（以下简称实验教学中心）服务于学院两个一级学科——环境科学与工程和生态学。在学院成立以前，环境科学与工程学科所在的原海洋与环境学院已于 2009 年获批建设海洋环境国家级实验教学示范中心，2012 年正式通过验收；该示范中心目前依托于海洋与地球学院，由海洋与地球学院、环境与生态学院共同管理和运行，为服务于海洋学科和环境科学与工程学科的实验教学国家级平台。生态学科方向于 2015 年 10 月获批建设福建省生态学实验教学示范中心。为了顺应环境科学、生态学、环境生态工程学之间交叉学科的人才培养需要，实验教学中心分别于 2017 年 5 月申请并获批“厦门大学环境生态工程虚拟仿真实验示范中心”，2019 年 3 月获批“厦门大学校园多维度生态实习基地本科生创新实践平台”2 个校级平台。实验教学中心已成为服务于学院学科建设和发展、人才培养的重要平台。

实验教学中心设主任 1 人，副主任 2 人；参与实验课程及实习实践的教师合计 43 人，其中教授 21 人，副教授 20 人，助理教授 2 人；专业技术人员 9 人，其中高级工程师 4 人，工程师 5 人。

实验教学中心实验室位于学院大楼（金泉楼）和翔安校区综合实验楼，总面积为 2618 平方米。建设初期，实验教学中心仅有价值 174 万元的仪器设备。在中央普通高校修购专项资金资助及学院的大力支持下，截至 2020 年 4 月，实验教学中心仪器设备合计达 1400 台（套），总价值达 1300 万元。

（二）工作成绩

1.保质保量完成本科实验实践教学任务

实验教学中心承担全院本科生实验和实习实践课程的教学工作。在成立之初，承担了环境科学与工程、生态科学与工程 2 个专业合计 11 门实验课程的教学工作。初期，实验教学中心仪器设备有限，生态学专业的 4 门实验课程借助生命科学学院实验教学中心的实验室及设备开设。随着实验教学中心仪器设备的逐步增加，2014 年秋季学期，中心将该 4 门实验课程收回授课。2015 年，环境生态工程专业正式开始招生，实验教学中心服务学生对象增加到环境科学、生态学和环境生态工程 3 个专业。目前，实验教学中心共开设 17 门本科生实验课程、1 门研究生实验课程以及 3 个专业的生产实习（社会实践）课程；服务的学生数由 2012 年的每届 30 人，增长至目前的每届 120 人左右，每年服务的学生数在 400 人以上。

2.建立网站，开放共享实验室和仪器设备

为了方便师生使用中心的实验室资源，提高服务效率，2016 年，实验教学中心建成网站及预约管理系统，实现所有实验室及仪器设备对全校所有师生开放共享，开放预约的生时数连年攀升，2018 年生时数为 4.0 万，2019 年达到 6.7 万。

3.建设、管理多个实习实践基地

实验教学中心积极为人才培养拓展实习实践基地，主要参与建设、管理的实习实践基地有 4 个。其中，3 个校外实习基地：厦门大学漳江口红树林国家级理科校外实践教育基地（2013 年）、福建君子峰国家级自然保护区校外实践教育基地（2015 年）、长泰马洋溪校外工程实践教育基地（2016 年）；1 个校内实习基地：翔安校区生态环境实践教学基地（2019 年）。实验教学中心成立至今共组织了全院师生 23 批次约 900 余人，到上述 3 个校外实践教育基地进行野外实习实践。

4.重视社会服务，承办中小学生社会实践活动

实验教学中心连续多年承办刘五店中学、大嶝中学的夏令营和冬令营，为中小学生科学素质提高贡献力量。

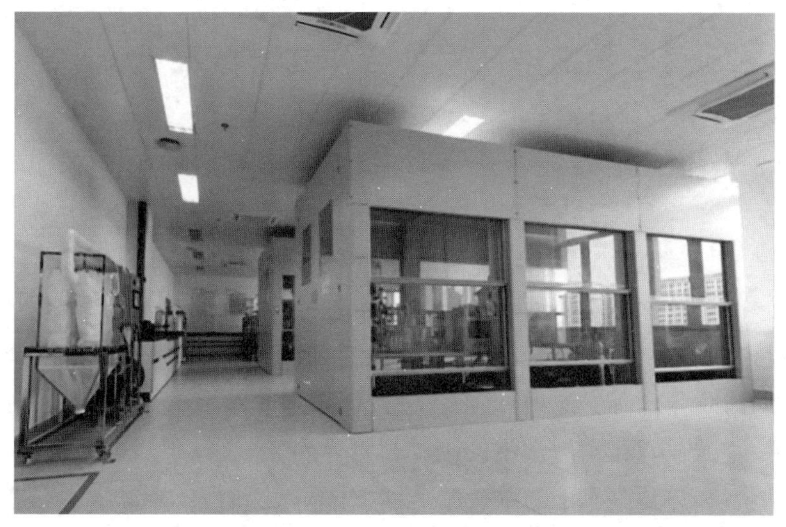

图 3-4-1　位于翔安校区综合实验楼的教学实验中心实验室（林清贤　供图）

图 3-4-2　位于金泉楼的教学实验中心(闫俊美　供图)

第五节　对外合作交流概况

一、整体情况

学院立足区域优势,积极开展对外合作交流,与境外多所科研院所及政府部门签署合作协议,深化实质性合作。与国际高水平大学合作开办暑期学校,打造国际化办学品牌课程。积极推动优秀本科生国际交流项目、暑期访学交流实习项目、中日青少年国际交流项目(樱花科技计划)和“2+2”联合培养本科生项目等各类学生交流项目,拓展学生的国际视野。同时,通过积极主办或承办国际/地区学术会议,搭建高水平学术交流平台,提高本学科群的国际学术影响力。获批高等学校学科创新引智基地1项,推动引入海外智力。牵头与海峡两岸17家高校和科研院所结成“两岸环境与生态联盟”,积极推动对台合作交流。

二、主要举措和成果

（一）大力支持师生对外交流

学院设立国际合作交流专项资助基金，有计划地选派学术带头人、青年教师与优秀学生到世界知名高校院所进行交流；吸引并邀请国际知名专家、境外学生来访。师生出访与来访人次逐年攀升。2012 年至 2019 年，学院累计派出教职工赴境外参加学术会议、考察访问、学术交流和合作研究共计 562 人次；派出学生参加学术会议、考察访问、合作研究、学术交流和短期交流共计 500 人次；邀请 556 人次境外专家学者来院交流；接收海外学生来校进行短期交流共计 236 人次。

（二）全力深化与境外高校科研院所实质性合作

学院与多所境外高校、科研院所签订合作协议或备忘录，推进与高水平研究机构在师生交流、科研项目、人才培养等方面开展实质性合作。2012 年至 2020 年 4 月，先后与瑞典隆德大学工学院、美国圣地亚哥州立大学理学院、台湾大学环境工程学研究所、美国马里兰大学农学与自然资源学院、日本产业技术研究院等 13 家高校或科研院所签订合作协议。

（三）着力推动国际化特色办学项目

1.凌峰暑期科研训练

2006 年，原海洋与环境学院与瑞典隆德大学工学院合作，开展国际化科研训练项目“凌峰暑期科研训练”（简称凌峰计划），2011 年后，由环境与生态学院与瑞典隆德大学工学院合作举办。之后每年于我校的第三学期期间，接收国外学生来校与学院本科生共同开展为期四周的课题研究，至 2020 年 4 月已举办 13 届。凌峰计划开拓了学生的国际视野，提高了学生的科研能力和创新能力，增进了合作双方的文化交流，并推动厦门大学入选欧盟“伊拉斯莫斯多边平台”

(注:伊拉斯莫斯多边平台是由欧盟委员会于2003年提出的高等教育项目计划。项目通过建立100个跨大学的"欧洲硕士专业"点和提供上万个奖学金和访问学者名额的方法,吸引更多外国教师和学生在欧洲大学学习)。截至2020年4月,凌峰计划累计接收了98名瑞典隆德大学学生、2名日本东京大学学生、2名日本东北大学学生与我院182名本科生参加。同时,学院每年邀请8～9位研究生作为研究助理参与项目,指导中外本科生以小组的形式开展课题研究。鉴于凌峰计划在人才培养全过程的国际化和本(科生)研(究生)培养的一体化上的引领作用,"环境与生态学科大学生创新科研人才国际化培养体系的构建与实践"成果荣获2017年福建省教学成果奖二等奖。

图3-5-1　第十三届凌峰暑期科研训练成员合影(2019年6月)(柯晓琳　供图)

2."全球气候变化"系列本科生暑期学校

"全球气候变化"系列本科生暑期学校始于2012年,由我院与美国圣地亚哥州立大学合办,每年于我校的第三学期期间,接收美国圣地亚哥州立大学、台湾宜兰大学、台湾云林科技大学、福州大学、福建师范大学的学生与我校本科生约40人开展结对学习与研究,至2020年4月已举办8届。暑期学校邀请国内外环境、海洋及生命科学领域的知名专家学者进行为期 12 天的授课。通过理论课程与前沿讲座、野外实地考察、分组学习讨论、英文汇报总结等多种形式开展活动，并举办 Culture Night 等文化活动。截至 2020 年 4 月，累计接收 85 位美国、意大利学生，近 70 位台湾学生和 160 位学院本科生参加。

图 3-5-2　第八届“全球气候变化”系列本科生暑期学校活动现场(2019 年 7 月)

（柯晓琳　供图）

3.台湾暑期访学交流项目

学院与台湾云林科技大学、台湾宜兰大学合作，每年暑期遴选 5 至 15 名本科生赴台湾参加两校举办的为期 1～3 周的暑期实践活动。自 2012 年至 2019 年，累计派出赴台湾云林科技大学交流生 30 人，赴台湾宜兰大学交流生 44 人。

图 3-5-3　学院 13 名本科生赴台湾宜兰大学和台湾云林科技大学交流学习(2019 年 7 月)

（柯晓琳　供图）

4.国家留学基金委优秀本科生交流项目

基于凌峰计划项目与“全球气候变化”系列本科生暑期学校取得的成绩，自2012年起，环境与生态学科连续7年获得“国家留学基金委优秀本科生交流项目”资助，自2013年至2020年4月累计派出33名本科生赴瑞典隆德大学进行为期一学期的交流学习，于2015年派出5名本科生赴美国圣地亚哥州立大学进行为期一学期的交流学习。

图 3-5-4　学院本科生赴瑞典隆德大学交流学习(2017年1月)

(柯晓琳　供图)

5.中日青少年科技交流项目

学院与日本东北大学合作申请2018年度中日青少年科技交流计划(樱花科技计划)并获批，于2018年8月派出1名硕士生、9名本科生赴日本进行为期一周的短期交流学习。

图 3-5-5 学院学生赴日本东北大学交流学习(2018 年 7 月)(柯晓琳 供图)

(四)积极举办国际/地区学术会议

积极主办或承办国际学术会议。2012 年以来,举办了 7 场国际会议,包括日本食文化暨日中食品安全研讨会(2015 年 11 月)、世界自然与保护联盟红树林特别专家组第 3 届年会(2015 年 11 月)、第 3 届中美湿地科学研讨会暨第二届海岸带湿地高峰论坛(2016 年 9 月)、第 14 届国际可持续水环境会议(2018 年 6 月)等。举办了 9 场地区性会议,包括第 4 届海峡两岸海洋环境监测及预报技术研讨会(2012 年 11 月)、第 5 届海峡论坛·2013 海峡科技专家论坛——两岸海洋科技研讨会暨第 5 届海峡两岸海洋环境监测及预报技术研讨会(2013 年

图 3-5-6 世界自然与保护联盟红树林特别专家组第 3 届年会(2015 年 11 月)(郑陈娟 供图)

6月)、第6届海峡两岸海洋环境监测及预报技术研讨会(2015年10月)、海峡两岸环境与生态论坛(2016年7月)、2017年海峡两岸环境与生态研讨会(2017年6月)、第7届海洋环境监测及预报技术研讨会(2017年10月)、2018年海峡两岸环境与生态研讨会(2018年6月)、2019年海峡两岸青年学者产业技术论坛暨两岸环境与生态联盟论坛(2019年6月)和第8届海峡两岸海洋环境监测及预报技术研讨会(2019年10月)。

图3-5-7 厦门数字水论坛暨第14届国际可持续水环境会议、2018年海峡两岸环境与生态研讨会、第三届厦门大学环境与生态学科国际咨询委员会会议、首届数字流域与河长论坛开幕式(2018年6月)(诸姮 供图)

图3-5-8 第5届海峡论坛·2013海峡科技专家论坛——两岸海洋科技研讨会暨第5届海峡两岸海洋环境监测及预报技术研讨会(2013年6月)(黄水英 供图)

（五）倾力搭建高水平合作平台

为构建高水平学术交流平台，推动“双一流”学科建设，学院于 2017 年 11 月开始培育“滨海湿地生态系统与全球变化创新引智基地（厦门大学）”项目，经过两年多的建设，该基地于 2019 年 12 月获批教育部、科技部高等学校学科创新引智基地。目前，该引智基地的成员由 16 位院内专家和 15 位国外知名学者组成。

（六）努力加强两岸学术交流

2016 年 7 月，厦门大学和台湾大学牵头，联合清华大学、北京师范大学、华南理工大学、哈尔滨工业大学、中国科学院生态环境研究中心、中国科学院城市环境研究所、国家海洋局第三海洋研究所、台湾交通大学、台湾成功大学、台湾中山大学、台湾宜兰大学、台湾云林科技大学等 14 家高校和科研院所结成“两岸环

图 3-5-9　海峡两岸青年学者产业技术论坛暨两岸环境与生态联盟论坛（2019 年 6 月）

（诸姮　供图）

境与生态联盟”，为推动两岸高校、科研院所加强合作、引领创新、协同发展，为两岸环境与生态保护事业贡献力量。2017 年 6 月，台湾清华大学、浙江大学、南京大学、华中科技大学作为新成员单位加入，联盟成员扩大到 18 家。

依托“两岸环境与生态联盟”，学院进一步深化与台湾高校及社会各界的交流合作，吸引台湾高层次人才来校交流。2016 年至 2019 年，累计主办 4 场海峡两岸学术会议，近 500 位两岸专家学者与会。会议聚焦当前环境与生态领域的热点和难点，共同探讨科学前沿问题，有力促进了海峡两岸学术交流与协同合作。

第四章
教学成果

第一节　专业设置

学院目前共有 3 个系，分别为环境科学系、生态学系、环境与生态工程系。环境科学系下设环境科学本科专业和环境科学、环境管理研究生专业；生态学系下设生态学本科专业和研究生专业；环境与生态工程系下设环境生态工程本科专业和环境工程研究生专业。

2011 年 3 月（建院伊始），学院设立环境科学、生态学 2 个本科专业和环境科学、环境工程、环境管理、生态学 4 个研究生专业。2013 年 2 月，环境科学与工程系调整并获批设立环境生态工程本科生专业。

2016 年 6 月，环境科学与工程系更名为环境科学系，下设环境科学本科专业和环境科学、环境管理研究生专业；生态科学与工程系更名为生态学系，下设生态学本科专业和研究生专业；新设环境与生态工程系，原环境科学与工程系下的环境生态工程本科专业和环境工程研究生专业纳入该系。

2019 年 5 月，环境生态工程专业通过高校环境类专业教学指导委员会组织的本科新专业学位授权点正式认定。

图 4-1-1、图 4-1-2　环境生态工程专业学士学位授权评审会（2019 年 5 月）

（李羚　供图）

第二节　课程体系

一、本科生课程

环境科学专业严格按照《环境科学与工程类教学质量国家标准》设置专业课程体系。为满足学生个性化学习和深度学习的需要，2012 级专业课程修读采取模块式，把专业课程分成环境生物、环境化学、环境管理 3 个方向，学生可以根据个人兴趣修读。2013 级大类招生后，该修读方式调整为“1＋1”模块式，即每名学生需修读一个专业必修模块（专业核心课程）和一个专业选修模块（专业方向性课程），专业选修模块包含环境生物、环境化学、环境管理等 3 个模块，供学生自由选择。2019 级新版教学计划中，为夯实专业基础，体现专业优势，专业选修模块调整为环境生物和环境化学两个模块。

环境生态工程专业严格按照《环境科学与工程类教学质量国家标准》设置专业课程体系。为满足学生个性化学习和深度学习的需要，2015 级开始的专业课程修读采取模块式，把专业方向性课程分成工程限选模块和专业拓展模块，学生在限选模块基础上可自行修读专业拓展模块中个人感兴趣的课程。在 2019 级新版教学计划中，为夯实专业基础，体现专业优势，该修读方式调整为“1＋1”模块式，即每名学生需要修读一个专业必修模块（专业核心课程）和一个专业选修模块（专业方向性课程），专业选修模块包含工程修复和生态管理两个模块，供学生自由选择。

生态学专业严格按照《生物科学类专业教学质量国家标准（生态学专业）》和国家一流专业建设要求设置课程体系。2012 年，为满足学生个性化学习和深度学习的需要，2012 级生态学专业课程修读采取模块式，把专业方向性课程分成专业核心模块和专业拓展模块，学生在完成专业核心模块课程的基础上可自行根据兴趣修读专业拓展模块中的课程。在 2019 年修订的新版教学计划中，为强化专业特色与优势，强化学生综合素质培养，专业课程中除必须修读的专业核心课程外，还设置了宏观生态、微观生态和生态拓展方向模块，供学生根据自己的兴趣修读。

二、研究生课程

研究生课程体系紧紧围绕立德树人根本任务，以提高研究生创新能力为目标，对标国内外一流高校和学科，统筹规划硕士和博士全过程培养，加强课程学习和科学研究的有机结合。

研究生课程主要分为公共学位课、专业学位课和选修课。专业学位课程主要包括学科基础理论、前沿与进展、专业知识和相关技能方法等，硕士生课程时间一般为 1 年，博士生课程时间一般为 0.5～1 年，本直博课程时间一般为 1.5 年。

2014 年版培养方案构建了较为科学、系统、硕博贯通的课程体系，适当减少学分要求和课程数量，重视对研究生进行系统性的科研训练，鼓励多学科交叉培养和国际化交流，突出创新能力和个性培养。2017 年版培养方案构建的课程体系，进一步规范和完善本直博研究生和硕博连读研究生的培养与管理，强化培养过程监管和淘汰分流。2019 年版培养方案构建的课程体系，强化对研究生思想政治和学术诚信教育，加强课程思政导向，坚守学术规范要求。

第三节　优秀课程与教改项目

一、优秀课程

学院有本科和研究生精品课程、“一流课程”“课程思政”示范课程共计 19 项，其中国家级 1 项、省级 1 项、校级 17 项。

表 4-3-1　学院优秀课程一览表

序号	课程名称	类别	年份	级别	授予部门	负责人
1	动物生物学	国家级精品资源共享课	2016 年	国家级	教育部	陈小麟

续表

序号	课程名称	类别	年份	级别	授予部门	负责人
2	环境科学导论	省级精品课程	2009年	省级	福建省教育厅	卢昌义
3	环境监测	厦门大学全英文教学建设课程	2013年	校级	厦门大学	张　勇
4	城市生态与环境	示范性网络课程	2014年	校级	厦门大学	李杨帆
5	基础生态学	示范性网络精品课程	2016年	校级	厦门大学	严重玲
6	动物生物学	示范性网络精品课程	2016年	校级	厦门大学	陈小麟
7	海洋生态学	示范性网络精品课程	2016年	校级	厦门大学	黄凌风
8	大自然探秘	核心通识课程	2017年	校级	厦门大学	陈鹭真
9	生态之美	第六批在线开放课程	2018年	校级	厦门大学	李庆顺
10	环境科学导论	厦门大学一流本科课程	2019年	校级	厦门大学	史大林
11	动物生物学	厦门大学一流本科课程	2019年	校级	厦门大学	方文珍
12	植物生态学	厦门大学一流本科课程	2019年	校级	厦门大学	陈鹭真
13	分子生物学基础	厦门大学一流本科课程	2019年	校级	厦门大学	沈英嘉
14	环境科学基础实验Ⅰ	厦门大学一流本科课程	2019年	校级	厦门大学	李权龙
15	环境化学	厦门大学一流本科课程	2019年	校级	厦门大学	陈　猛

续表

序号	课程名称	类别	年份	级别	授予部门	负责人
16	基础生态学	厦门大学“课程思政”示范课程	2019 年	校级	厦门大学	严重玲
17	环境科学导论	厦门大学“课程思政”示范课程	2019 年	校级	厦门大学	陈　荣
18	生态工程理论与方法	厦门大学研究生“课程思政”示范课程	2019 年	校级	厦门大学	黄凌风
19	环境科学理论与方法	厦门大学研究生优秀示范课程	2019 年	校级	厦门大学	陈　荣

二、教改项目

学院的本科和研究生教改项目共计 3 项，其中省级 1 项、校级 2 项。

表 4-3-2　学院教改项目一览表

序号	项目编号	项目类型	项目名称	年份	级别	负责人
1	FBJG20180095	一般项目	环境与生态学院个性化人才培养项目（菁英班、国际班、卓越班）	2018 年	省级	王文卿
2	JG20170232	一般项目	基于课程模块组的生态学专业实践教学体系改革	2017 年	校级	王文卿
3	JG20190132	本科教育	环境科学实践教学体系中海洋特色的体现与提升	2019 年	校级	陈　荣

第四节 教学成果奖

学院共获得教学成果奖 6 项，其中国家级 1 项、省级 1 项、校级 4 项。其中陈小麟参与(排名第 2)的“遵循人才培养规律的生物学本科教学改革与实践”于 2014 年获批国家级教学成果二等奖，该项目以培养厦门大学“生物学理科基地”、“生物技术基地”和“生物学拔尖计划”的“基础人才”为目标，利用已有的教学科研优势，通过实施“质量工程”，从师资队伍、管理体制、课程体系、教学内容、教学方式等方面进行多方位综合改革，探讨建立一套课堂内外相互结合的多层次培养学生创新能力的人才培养体系。

表 4-4-1 学院教学成果奖一览表

序号	项目名称	奖项名称	年份	级别	授予部门	负责人
1	遵循人才培养规律的生物学本科教学改革与实践	国家级教学成果二等奖	2014 年	国家级	教育部	陈小麟(排名第 2)
2	环境与生态学院大学生创新科研人才国际化培养体系的构建与实践	福建省教学成果二等奖	2017 年	省级	福建省教育厅	罗津晶
3	环境学科本科生科研训练的国际化培养模式	厦门大学第七届高等教育教学成果奖二等奖	2014 年	校级	厦门大学	罗津晶
4	以“教学科研结合，注重国际接轨”为核心的环境生物学教学改革	厦门大学第七届高等教育教学成果奖二等奖	2014 年	校级	厦门大学	蔡立哲

续表

序号	项目名称	奖项名称	年份	级别	授予部门	负责人
5	拓展本科生研究能力的课程体系改革与实践	厦门大学第七届高等教育教学成果一等奖	2014 年	校级	厦门大学	陈小麟
6	环境与生态学院大学生创新科研人才国际化培养体系的构建与实践	厦门大学教学成果特等奖	2017 年	校级	厦门大学	罗津晶

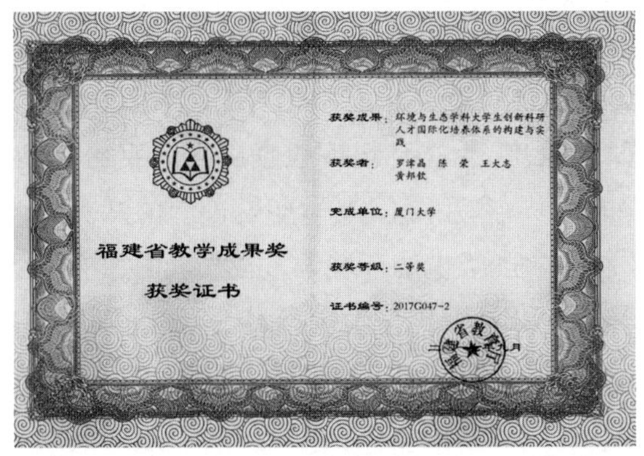

福建省教学成果奖

获奖证书

获奖成果：环境与生态学科大学生创新科研人才国际化培养体系的构建与实践

获奖者：罗津晶 陈荣 王大志 黄邦钦

完成单位：厦门大学

获奖等级：二等奖

证书编号：2017G047-2

图 4-4-1 罗津晶福建省教学成果二等奖奖状(李岚 供图)

第五节 特色专业与创新试验区

学院依托于实验教学中心建设和运行的特色专业与创新实验区共 4 个，其中国家级 1 个、省级 1 个、校级 2 个。

国家级海洋环境科学实验教学示范中心：为厦门大学教务处、海洋与地球学院和环境与生态学院共同建设运行的多学科交叉、开放型海洋与环境学科的实验教学平台。主要负责海洋和环境两个一级学科的实验课、野外实践教学和实习基地建设工作，同时为两个学院的科学研究、研究生教育和社会需求提供技术服务工作。

福建省生态学省级实验教学示范中心：实验教学中心为培养生态学学科人才，于 2015 年 10 月申报获批了福建省生态学实验教学示范中心。由实验教学中心负责管理建设，主要服务于生态学实验和实习课程教学工作，及生态学实践教学基地建设，为生态学及相关学科的学生提供实习实践能力训练平台。

厦门大学环境生态工程虚拟仿真实验示范中心：为服务于环境科学及环境生态工程专业的建设，实验教学中心于 2017 年 5 月申报获批厦门大学环境生态工程虚拟仿真实验示范中心。该中心基于陆海统筹治理的理念，系统整合水污染治理、大气污染治理、土壤污染治理和生态恢复等关键技术，形成以生态恢复和生态治理技术为核心、以环境与生态工程多领域技术系统集成为特色的虚拟仿真实验平台。该中心主要服务于环境科学和环境生态工程专业的学生，旨在培养城乡环境污染治理、流域综合生态整治等工程领域的技术人才。

厦门大学校园“多维度”生态环境调查创新实践平台：实验教学中心充分发挥环境与生态学科的优势，利用厦门大学翔安校园的特点，于 2019 年 3 月申报获批了厦门大学校园“多维度”生态环境调查创新实践平台。设立了校园生态调查、水、大气等环境监测小组，引导学生进行多维度的校园生态环境调查监测；在提高学生综合实习实践能力的同时，调查成果还可为生态校园建设和规划服务。

第六节　与教学相关的任职、团队、荣誉等

学院现有与教学相关的任职、团队、荣誉等共 34 个，其中国家级 6 个、省级 11 个、市级 1 个、校级 16 个。

表 4-6-1　学院与教学相关的任职、团队、荣誉一览表

序号	姓名	称号	年份	级别	授予部门
1	陈小麟	宝钢优秀教师奖	2008 年	国家级	宝钢教育基金会

续表

序号	姓名	称号	年份	级别	授予部门
2	陈小麟	第五届高等学校国家级教学名师奖(2009年—至今)	2009年	国家级	教育部
3	陈小麟	高等学校生物科学与工程教学指导委员会委员(2006年—2013年)	2013年	国家级	教育部
4	陈小麟	大学生物学课程教学指导委员会委员(2013年—2017年)	2017年	国家级	教育部
5	王文卿	自然保护与环境生态类专业教学指导委员会委员	2018年	国家级	教育部
6	王新红	环境科学与工程类专业教学指导委员会	2018年	国家级	教育部
7	陈小麟	第三届福建省高等学校教学名师	2007年	省级	福建省教育厅
8	袁东星	第五届福建省教学名师	2009年	省级	福建省教育厅
9	陈伟琪	从教二十五周年荣誉	2009年	省级	福建省人民政府
10	陈小麟	从教三十周年荣誉	2012年	省级	福建省人民政府
11	张珞平	从教三十周年荣誉	2013年	省级	福建省人民政府
12	郑文教	从教三十周年荣誉	2014年	省级	福建省人民政府
13	薛雄志	从教三十周年荣誉	2017年	省级	福建省人民政府
14	张　勇	从教三十周年荣誉	2018年	省级	福建省人民政府
15	石晓枫	从教三十周年荣誉	2018年	省级	福建省人民政府
16	陈能汪	福建省研究生导师团队	2019年	省级	福建省教育厅
17	方文珍	从教二十五周年荣誉	2019年	省级	福建省人民政府

续表

序号	姓名	称号	年份	级别	授予部门
18	陈小麟	厦门市优秀教师	2001 年	市级	厦门市人民政府
19	陈小麟	厦门大学教学名师	2003 年	校级	厦门大学
20	袁东星	厦门大学教学名师	2009 年	校级	厦门大学
21	袁东星	厦门大学本科生优秀导师	2012 年	校级	厦门大学
22	陈　猛	厦门大学本科生优秀导师	2012 年	校级	厦门大学
23	罗津晶	厦门大学本科生优秀导师	2012 年	校级	厦门大学
24	朱小明	厦门大学本科生优秀导师	2012 年	校级	厦门大学
25	孙　萍	厦门大学第二届英语教学比赛二等奖	2013 年	校级	厦门大学
26	史大林	厦门大学 2015 年“我最喜爱的十位老师”	2015 年	校级	厦门大学
27	张原野	厦门大学第六届英语教学比赛二等奖	2016 年	校级	厦门大学
28	毛通双 郁　昂 周克夫 李杨帆 卢豪良	暑期社会实践活动优秀带队老师	2018 年	校级	厦门大学
29	欧阳通	厦门大学 2018 年“我最喜爱的十位老师”	2018 年	校级	厦门大学
30	黄晓佳	2018 年度本科生科创竞赛优秀指导教师暨德贞社会课堂基金优秀指导老师	2018 年	校级	厦门大学
31	马　剑	厦门大学第十四届教学技能比赛一等奖	2019 年	校级	厦门大学

续表

序号	姓名	称号	年份	级别	授予部门
32	沈英嘉	厦门大学第四届翻转课堂比赛最佳课件(视频)奖	2019 年	校级	厦门大学
33	谭巧国	厦门大学 2019 年“我最喜爱的十位老师”	2019 年	校级	厦门大学
34	毛通双 林明华 陈　荣 李杨帆 欧阳通	暑期社会实践活动优秀带队老师	2019 年	校级	厦门大学

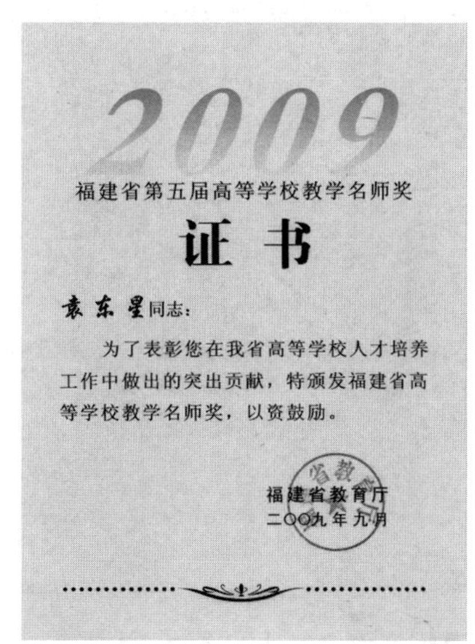
2009

福建省第五届高等学校教学名师奖

证书

袁东星同志：

为了表彰您在我省高等学校人才培养工作中做出的突出贡献，特颁发福建省高等学校教学名师奖，以资鼓励。

福建省教育厅

二〇〇九年九月

图 4-6-1　福建省第五届教学名师袁东星获奖证书(2009 年)(李岚　供图)

第七节　教材建设

截至2020年4月底，学院共编写教材9部，其中普通高等教育国家级规划教材4部、其他教材5部。

普通高等教育国家级规划教材介绍如下：

《动物生物学》：由陈小麟、方文珍主编，分别于2005年、2012年、2019年出版第三版、第四版和第五版。该教材是普通高等教育“十五”“十二五”国家级规划教材，按照生物学的指导思想，系统地介绍动物生物学的基本知识和基础理论。该教材可作为高等院校的生物学、生态学以及相关学科专业的本科生用书，也可作为相关科研人员和生产技术人员的参考书。

图4-7-1　《动物生物学》(第5版)教材封面(李羚　供图)

《群落生态学》：由李振基、陈圣宾主编，于2011年出版，是普通高等教育“十一五”国家级规划教材。该教材系统全面地论述了群落生态学的原理与方法，重点论述了群落生态学的基本理论、群落的结构和外貌、群落的过程和功能、群落的分类和特征，以及群落生态学的研究方法和最新进展。本书不仅对传统的群落生态学理论进行了详细的论述，还大量引用最新的研究成果，反映当前群落生态学发展的趋势。可供植被生态学、森林生态学、保护生物学等方面的教学与科研人员参考。

《生态学》：由李振基、陈小麟、郑海雷主编，已出版四版，为普通高等教育“十一五”国家级规划教材，2008 年被教育部评为“普通高等教育精品教材”。该教材图文并茂、深入浅出地介绍了生态学的基础理论和应用技术，涵盖了传统的生态学内容，以及全球生态变化、可持续发展等广大读者关注的社会问题，旨在增加读者的生态学知识、提高生态意识。

图 4-7-2　《生态学》(第 4 版)教材封面(李羚　供图)

《海洋生态学》：由沈国英、黄凌风、郭丰、施并章编写，是普通高等教育“十一五”“十二五”国家级规划教材，也是国内首部高校海洋生态学教材。第一版于 1990 年由厦门大学出版社出版，第二版和第三版分别于 2002 年和 2010 年由科学出版社出版。全书除绪论外共分十五章，包括三个部分，分别介绍海洋生态系统的基本特征、海洋主要生态系统类型、海洋面临的威胁及生物多样性保护。该教材为国内涉海院校海洋生态学本科课程的首选教材，被国内近 60 所高校采用。

表 4-7-1 学院编写或参与编写的教材一览表

序号	教材名称	作者	类别	时间	出版社
1	动物生物学	陈小麟*、方文珍*	国家级“十五”规划、国家级“十二五”规划	2005年第3版 2012年第4版 2019年第5版	高等教育出版社
2	群落生态学	李振基*、陈圣宾	国家级“十一五”规划	2011年	气象出版社
3	生态学	李振基*、陈小麟*、郑海雷*	国家级“十一五”规划、教育部普通高等教育精品教材	2000年第1版 2004年第2版 2007年第3版 2014年第4版	科学出版社
4	海洋生态学(第三版)	沈国英、黄凌风*、郭丰、施并章	国家级“十一五”规划、国家级“十二五”规划	2010年第3版	科学出版社
5	被子植物生殖生物学	田惠桥、朱学艺*	华夏英才基金学术文库	2015年	科学出版社
6	福建省滨海湿地水鸟	陈小麟*,方文珍*,林清贤*,周晓平*		2012年	高等教育出版社
7	福建省陆域常见动植物图鉴	陈小麟*、侯学良、李振基*、林清贤*、罗大民		2016年	高等教育出版社
8	分析化学(原著第七版)(上)	李银环、马剑*、黄维雄、杨丙成(译)		2017年	华东理工大学出版社

续表

序号	教材名称	作者	类别	时间	出版社
9	现代环境科学概论	卢昌义*、史大林*、陈荣*、郁昂*等		2005 年第 1 版 2014 年第 2 版 2020 年第 3 版	厦门大学出版社

注:加 * 者为我院老师。

第八节　人才培养基地

学院高度重视学生实习实践能力的培养,截至 2020 年 4 月底,学院与校内外单位合作共建 16 个实习基地,其中国家级 3 个,校级 3 个,院级 10 个。

表 4-8-1　学院现有实习基地一览表

序号	实践基地名称	级别	所在地	备注
1	厦门大学武夷山教学与科研实习实训基地	国家级	福建武夷山市	1992 年建立,国家理科野外实践教育共享平台(2012 年至今)
2	厦门大学和溪南亚热带雨林实习基地	国家级	福建南靖县	20 世纪 50 年代建立,国家理科野外实践教育共享平台(2012 年至今)
3	厦门大学漳江口红树林国家级理科校外实践教育基地	国家级、省级	福建漳州市	2012 年获批省级实践基地,2013 年通过教育部验收
4	福建君子峰国家级自然保护区校外实践教育基地	校级	福建明溪县	2012 年签约,2015 年获批校级实践基地

续表

序号	实践基地名称	级别	所在地	备注
5	长泰马洋溪校外工程实践教育基地	校级	福建长泰县	2016 年获批校级实践基地
6	翔安校区生态环境实践教学基地	校级	厦门大学翔安校区	2019 年建立
7	宁化牙梳山省级自然保护区社会调查基地	院级	福建宁化县	2012 年签约
8	福建天宝岩国家级自然保护区实习基地	院级	福建永安市	2012 年签约
9	福建戴云山国家级自然保护区实习实训基地	院级	福建德化县	2013 年签约
10	泉州湾河口湿地自然保护区实习实训基地	院级	福建泉州市	2013 年签约
11	江西婺源森林鸟类国家级自然保护区实习实训基地	院级	江西婺源县	2016 年签约
12	福建峨嵋峰国家级自然保护区实习实训基地	院级	福建泰宁县	2016 年签约
13	福建汀江源国家级自然保护区社会调查基地	院级	福建长汀县	2016 年签约
14	福建梁野山国家级自然保护区就业创业见习基地	院级	福建武平县	2016 年签约
15	汀江一龙湖河库区龙湖实践教育基地	院级	福建龙岩市	2017 年签约
16	福建省大田县第二集美学村暑期社会实践基地	院级	福建大田县	2018 年签约

第五章
学术成就

截至2020年4月，学院共承担国家及省市科研项目250余项，其中，主持国家重点研发计划重点专项项目6项，参加其他项目的课题11项；主持国家科技支撑计划项目1项；参与承担国家“973计划”课题7项；主持国家自然科学基金重大重点项目18项（含重大仪器研制项目1项）；牵头承担国家海洋公益性行业科研专项3项，参与承担12项；参与其他部委公益性专项4项。同时，学院还承担省市重大专项项目，积极为服务地方社会经济发展特别是生态文明建设作出贡献。建院以来，学院教师在 *Science*、*Nature Communications*、*PNAS* (*USA*)、*Genome Research*、*Ecology Letter*、*Journal of Ecology*、*Ecology*、*Ecosystems*、*PlantCell*、*Environmental Science & Technology*、*WaterResearch*、*Limnology & Oceanography*、*Environmental Pollution*、*Science of the Total Environment*、*Tree Physiology* 等相关学科国际高水平期刊发表SCI/EI等研究论文1000余篇；其中JCR一区论文113篇，二区论文388篇，国际顶级期刊（top journal）230篇。

第一节　获奖学术成果

（注：环境与生态学院人员以“*”标注）

2011年福建省科技进步奖二等奖

项目名称：台湾海峡及周边海域业务化海洋防灾决策支持系统

完成单位：福建省海洋预报台、厦门大学、国家海洋局第三海洋研究所

主要完成人：刘修德、林海华、林法玲、洪华生*、商少平、张友权、郭小钢

项目简介：项目围绕福建省海洋综合管理、防灾减灾、国家海洋监测高新技术发展和国防安全等需求，通过“十一五”国家“863计划”“海洋动力环境立体实时监测系统示范”“海洋实时立体监测信息服务技术系统”和福建省海洋与渔业厅“台湾海峡及周边海域海洋防灾决策支持业务化保障系统”三个课题的实施，

研发了台湾海峡及周边海域业务化海洋防灾决策支持系统，已在福建省海洋预报台得到业务化应用,形成的预警预报产品近2年服务于全省防范风暴潮、海浪、赤潮和海上搜救等海洋防灾决策,为福建省防汛办、海上搜救中心、海洋与渔业行政主管部门等提供了有效的技术保障和决策服务,提高海洋灾害预警能力,提升政府防灾决策公信力;率先建立的海洋信息通PDA系统在全国相关业务部门得到推广应用;研发的风暴潮漫堤预警辅助决策系统推动了全国风暴潮漫堤风险预警工作的开展,推动了国家海洋预警预报行业的发展;提供给军方和国家海洋环境预报中心实时监测数据达210万组、2T,为国家海洋观测预报和军事保障提供有力支持;研发定型了大浮标、地波雷达、生态浮标等海洋监测设备,已在我国军事保障、海洋和气象观测等领域得到推广应用;完整的一体化的海洋业务模式为国内其他单位提供示范,社会经济效益和军事效益显著。

奖状

授予

台湾海峡及周边海域业务化海洋防灾决策支持系统 项目

福建省二〇一一年度科学技术进步奖二等奖

主要完成单位：

福建省海洋预报台、厦门大学、国家海洋局第三海洋研究所

图 5-1-1 福建省科技进步奖二等奖获奖证书(李雪丁 供图)

2013年国家海洋局海洋科学技术奖一等奖

项目名称:海洋入侵赤潮生物规模化快速经济处理新技术

完成单位:大连海事大学、厦门大学

主要完成人:张芝涛、白敏冬、黄凌风*、白敏菂、骆庭伟、田一平、李超、张拿

慧、张小芳、陈操、孟祥盈、俞哲、陈铮、孟凡鹏、洪伟辰

项目简介：本项目依托国家科技支撑计划、国家海洋公益性行业科研专项项目等10多项国家级项目，针对防治海洋外来生物入侵性传播和保护近岸海域海洋生态安全的国家重大需求，面向远洋船舶压载水治理的国际竞争，经过基础理论研究、应用基础研究和工程技术多学科交叉攻关，取得的主要科技成果是：(1)发明了大气压强电离放电规模高效制备羟基自由基的新方法；(2)研发了系列化高浓度羟基自由基产生设备；(3)发明了羟基自由基规模化快速经济致死海洋入侵生物的新技术；(4)发明了海洋赤潮的生态浮床防控与羟基自由基应急处置技术。

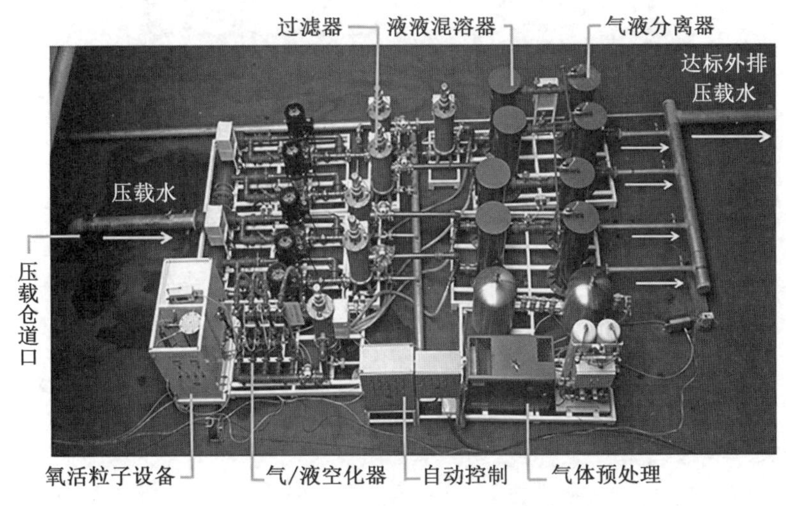

图5-1-2 250吨/小时压载水处理装备(白敏冬 供图)

2013年国家海洋局海洋工程科学技术奖一等奖

项目名称：陆源入海重点排污口典型有机污染物海洋环境效应确定的关键技术研究

完成单位：国家海洋环境监测中心、厦门大学

主要完成人：王菊英、郭丰*、穆景利、王新红*、王睿睿、赵冬梅、王莹、马新东、高春蕾、闫启仑、姚子伟、邵魁双、张志锋、张振冬、林忠胜

项目简介：项目着眼于海洋污染领域的热点问题，紧密结合我国近岸海洋环

境的特点和我国陆源入海排污口监测与污染环境效应评价的实际需求，构建了优先控制污染物的定量筛选模式，研发了海洋环境中典型有机污染物的分析检测技术，开展了多种海洋受试生物的培养技术和毒性效应检测技术等生态毒理学研究，采用国际上主流的基于物种敏感性分布(SSD)的统计外推方法，构建了我国海洋环境效应阈值方法体系。该体系首次引入种间相关估算(ICE)模型，为有机污染物的生态风险评估和监管开辟了新方法和新思路。

中国海洋工程咨询协会
China Association of Oceanic Engineering

为表彰在海洋经济社会发展和海洋科技进步中做出重要贡献的集体和个人，经中华人民共和国科学技术部核准登记，设立海洋工程科学技术奖(国科奖社字0221号)。

海洋工程科学技术奖

证 书

项目名称：陆源入海重点排污口典型有机污染物海洋环境效应确定的关键技术研究

奖励等级：一等奖

获 奖 者：王新红

证书号：2013-01-06-G04

图 5-1-3　海洋工程科学技术奖一等奖获奖证书(王新红　供图)

2014 年浙江省科技进步奖三等奖、2015 年国家海洋局海洋科学技术奖二等奖

项目名称：应对气候变化红树林移植及资源优化技术

完成单位：浙江省海洋水产养殖研究所、厦门大学、中国科学院华南植物园

主要完成人：陈少波、卢昌义*、仇建标、叶勇*、黄丽、王发国、郑春芳、王文卿*、郑逢中*、谢起浪

项目简介：本项目通过浙南红树林宜林海域调查评估、耐寒品种的筛选研究，结合红树林在较高纬度特殊生境条件下的生理生态适应性机理研究，形成适合我国较高纬度生境的红树林北移技术并进行应用推广。同时，在福建开展红树林生态重建技术研究，重点建立红树林生态修复工作急需的“非胎生”红树植物种类的育苗及造林技术体系，形成我国较高纬度海域可推广的红树林湿地重建的资源优化技术，应对气候变化对红树林资源的影响与响应，以满足海洋环境

保护领域中海洋生态修复的需求。

图 5-1-4 北移引种到浙南沿海的红树植物在皑皑白雪中健康生长

（卢昌义 供图）

2015 年国家海洋局海洋科学技术奖二等奖

项目名称：近海海水水质基准的研究与制定

完成单位：国家海洋环境监测中心、厦门大学，国家海洋局第三海洋研究所

主要完成人：王菊英、穆景利、张志锋、王新红*、王睿睿、胡莹莹、林彩、王莹、黄金良*、靳非、霍城、孙禾林、闫启仑、张微微、杨正先

项目简介：项目针对我国海水水质基准研究薄弱问题，开创性地开展了我国海水水质基准的研究。项目推导了 21 种目标污染物的海水水质基准值，将我国海域划分为 9 个近岸生态亚区和 4 个近海生态亚区，建立了各生态区的参照状态，推导了具有生态区特征的营养盐及其响应指标的基准推荐值，筛选出了 16 种有机化合物、4 种重金属离子，开展了目标污染物对不同营养级的 8 种代表性海洋生物的急性和慢性毒性效应研究，获得了 860 余组 LC50、EC50、NOEC 和 LOEC 等毒性数据。研究成果已在我国海洋环境监测和评价工作中得到充分应用，受试生物培养及毒性测试技术已应用于我国入海排污口综合生物效应的业务化监测、大连“7.16”溢油事故及渤海蓬莱溢油事故的监测与评价；所推荐的营养盐和有毒有害污染物水质基准值已在秦皇岛市陆源排海标准和天津市近岸海

水水质标准研究中得以应用。

证书

为表彰在促进海洋科学技术创新工作中做出突出贡献者，特颁发海洋科学技术奖证书，以资鼓励。

证书编号：HKJ2015-G-2-A3-04

项目名称：近海海水水质基准的研究与制定

奖励等级：二等奖

获奖者：王新红【第4完成人】

奖励日期：二〇一六年四月十三日

图 5-1-5　海洋科学技术奖二等奖获奖证书(王新红　供图)

2016 年国家技术发明奖二等奖

项目名称:基于羟基自由基高级氧化快速杀灭海洋有害生物的新技术及应用

完成单位:大连海事大学、厦门大学

主要完成人:白敏冬、张芝涛、黄凌风*、白敏菂、田一平、张均东

项目简介:项目针对防控海洋外来生物入侵和保护近海生态安全的国家战略需求,面向船舶压载水快速处理的国际竞争,依托 12 项国家级项目,首次发现了大气压下持续微辉光放电的新科学现象,创建了大气压强电离放电高效制备羟基自由基(·OH)的新方法;发明了基于模块化阵列式等离子体集成源的系列化高浓度·OH 产生装备;开创了·OH 规模化快速杀灭海洋有害生物的新技术,在万吨级船舶上完成了·OH 快速(≤6s)、高效率(《公约》排放标准)、低成本(0.03 元/吨水)、无负面环境效应杀灭海洋入侵生物的实用性工程示范及技术推广应用。

图 5-1-6　2016 年国家技术发明奖二等奖领奖现场
（中为白敏冬教授，右为黄凌风教授）（白敏冬　供图）

2016 年福建省标准贡献一等奖

项目名称：海湾围填海规划环境影响评价技术导则

完成单位：福建省海洋与渔业厅、厦门大学、国家海洋局第三海洋研究所、福建海洋研究所、福建省海洋环境与渔业资源监测中心

主要完成人：刘修德、李涛、张珞平*、余兴光、杨顺良、陈伟琪*、万艳、叶剑平、杨琳

项目简介：《海湾围填海规划环境影响评价技术导则》（以下简称《导则》）国家标准（标准号：GB/T 29726—2013）是由福建省海洋与渔业厅推荐，厦门大学环境与生态学院张珞平教授主持，厦门大学、国家海洋战略所、国家海洋局第一海洋研究所、第二海洋研究所、中国海洋大学、河海大学、福建海洋所以及福建省海洋环境与渔业资源监测中心等 8 家单位联合完成的 2008 年度国家海洋公益性行业科研专项经费项目——海湾围填海生态环境影响评价技术导则国家标准研制（200805093）的成果。全国海洋标准化技术委员会审查组认为：“《导则》参考国内外战略环境评价的最新成果，结合在福建省主要海湾的研究成果，确定了

海湾围填海规划环境影响评价的技术路线、方法及其评价体系和指标。《导则》的编制过程体现了管理、科研与应用的紧密结合，初步验证结果显示了该《导则》具有科学性、先进性和可操作性。《导则》在国内首创了多学科综合的海湾围填海战略环境评价指标体系，填补了我国在海湾围填海规划环境影响评价技术标准的空白，在评价内容、技术路线和方法等方面达到了国际先进水平。”标准的制定对于有效实施环境影响评价法、促进海洋与海岸带综合管理走向科学化和民主化、推进海湾可持续发展战略具有极其重要的意义。

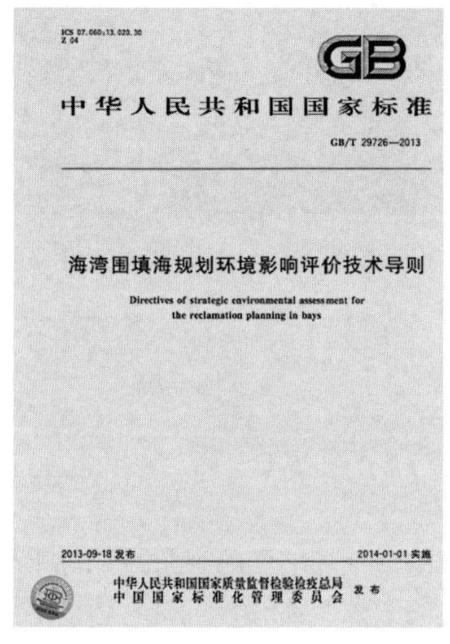

ICS 07.060;13.020.30
Z 04

GB

中华人民共和国国家标准

GB/T 29726—2013

海湾围填海规划环境影响评价技术导则

Directives of strategic environmental assessment for the reclamation planning in bays

2013-09-18 发布　　2014-01-01 实施

中华人民共和国国家质量监督检验检疫总局
中国国家标准化管理委员会　发布

图 5-1-7　海湾围填海规划环境影响评价技术导则（张珞平　供图）

2017 年国家海洋局海洋科学技术奖二等奖

项目名称：海洋溢油中长期生物效应及生态风险评估关键技术研究

完成单位：国家海洋环境监测中心、厦门大学

主要完成人：穆景利、王莹、王新红*、王菊英、靳非、丛艺、马新东、王震、吴玉玲、林忠胜

项目简介：项目紧密结合我国海洋环境保护管理发展实际需要，开创性地开展了溢油指纹鉴定与分析新技术、海洋溢油事故中长期慢性毒性及生态风险评估研究。溢油特征污染物复合效应生态风险评估方法和溢油中长期生物毒性测

试技术在渤海蓬莱“19.3”溢油故事、大连“7.16”溢油事故以及天津“8.12”重大事故的监测与评价工作中得到应用，为科学评估上述溢油等环境事故的长期危害及生态风险发挥了重要作用，研究成果为海洋突发污染事故及近岸污染的毒性效应评估提供有力的技术保障，为推进监测业务体系生物效应监测技术的发展作出了贡献。

证书

为表彰在促进海洋科学技术创新工作中做出突出贡献者，特颁发海洋科学技术奖证书，以资鼓励。

证书编号：HKJ2017-C-2-A4-03

项目名称：海洋溢油中长期生物效应及生态风险评估关键技术研究
奖励等级：二等奖
获奖者：王新红【第3完成人】
奖励日期：二〇一八年十一月一日

二〇一八年十一月二十日

图 5-1-8　海洋科学技术奖二等奖获奖证书(王新红　供图)

2019 年国家自然科学奖二等奖

项目名称：电化学表面增强拉曼光谱学研究

完成单位：厦门大学

主要完成人：田中群、任斌、李剑锋、吴德印、刘国坤*

项目简介：该项目聚焦电化学表面增强拉曼光谱(EC－SERS)方法学研究，在电化学和催化领域具有重要意义的过渡金属体系表面获得 SERS 效应并阐明其增强机理，打破了学术界长期认为该效应仅局限于金、银和铜等少数金属的观点。发明壳层隔绝纳米粒子增强拉曼光谱新技术，基本上解决了 SERS 技术普适性差的瓶颈问题，奠定了我国在该领域国际上的领先优势。自主研发便携式拉曼快速检测仪并实现产业化，成功实现了在食品安全和公共安全等不同领域的实际应用。

图 5-1-9　2019 年国家自然科学奖二等奖领奖现场
（左一为刘国坤）（刘国坤　供图）

2019 年国家海洋局海洋科学技术奖一等奖

项目名称：沿海水域有害生物规模化高效绿色防控的新技术

完成单位：厦门大学、大连海事大学、厦门水务集团有限公司

主要完成人：白敏冬*、田一平、黄金良*、艾春香、林少云、俞哲、黄凌风*、章春星、余忆玄、张均东、张小芳、郑琦琳*、万乐鑫、黄晓典、钟子清

项目简介：本项目针对我国沿海水域日益严峻的海水养殖病害、赤潮频发及流域高藻水华等亟待解决的生物灾害问题，依托国家科技支撑计划项目、国家重大科研仪器研制项目等，攻克了规模化、高效快速、绿色安全的沿海水域有害生物防控的难题，在沿海水域有害生物羟基自由基（·OH）高效绿色防控领域取得了基础研究、技术装备和技术应用的系统创新成果，为保障海岸带环境生态安全作出了重要贡献。创建了沿海水域有害生物·OH 高效绿色防控的新原理和新方法；研发出基于集装箱式·OH 装备的有害生物规模化防控系统；发明了沿海水域有害生物·OH 高效绿色防控的新技术。

对于工厂化循环养殖，实施·O H注入海水输入管路、养殖池和输出管路中快速杀灭；对于海面网箱养殖，实施·OH海面喷洒杀灭寄生虫、病毒等病原体并净化海水,无致癌消毒副产物如溴酸盐等生成；结合柔性生态浮床技术，实现大区域海洋赤潮的高效防控，保障沿海水产养殖的绿色发展及近岸海洋生态安全。

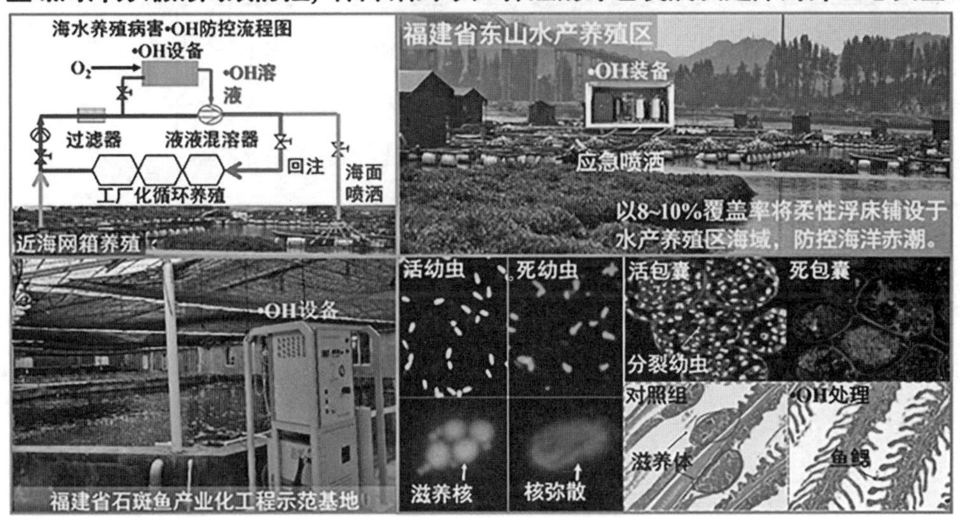

图 5-1-10　海水养殖病害·OH 规模化防控技术(白敏冬　供图)

第二节　著作与论文

一、建院以来编写或参与编写的出版著作

(注:环境与生态学院人员以“＊”标注)

序号	出版年份(年)	教材或著作名称	作者	出版单位
1	2011	*Continental Shelf Research Special Issue: Upwelling Ecosystem in the Southern Taiwan Strait*	George T. F. Wong, Huasheng Hong＊, Senjie Lin, Hongbin Liu and Huijie Xue	Elsevier

续表

序号	出版年份（年）	教材或著作名称	作者	出版单位
2	2012	中国区域海洋学——化学海洋学	洪华生*	中国海洋出版社
3	2012	生态文明在厦门新农村建设中的实践	倪志荣、卢昌义*等	厦门大学出版社
4	2012	应对气候变化的红树林北移生态学	陈少波、卢昌义*等	海洋出版社
5	2012	福建省滨海湿地水鸟	陈小麟*、方文珍*、林清贤*、周晓平*	高等教育出版社
6	2012	泰宁世界自然遗产地生物多样性研究	李振基*、陈小麟*、刘长明	科学出版社
7	2013	江西婺源森林鸟类自然保护区生物多样性研究	李振基*、陈小麟*、王英永、刘长明、侯学良、刘新锐、汪桂福、洪元华	科学出版社
8	2013	海南东寨港红树林软体动物	王瑁*	厦门大学出版社
9	2013	南方滨海耐盐植物资源（一）	王文卿*、陈琼*	厦门大学出版社
10	2013	厦门湾海域环境质量评价和环境容量研究	张珞平*、陈伟琪*、江毓武、黄金良*、方秦华*等	海洋出版社
11	2014	福建汀江源自然保护区生物多样性研究	李振基*、金斌松、刘新锐、刘长明、陈小麟*	科学出版社

续表

序号	出版年份（年）	教材或著作名称	作者	出版单位
12	2014	*Socio-environmental Impact of Sprawl on the Coastline of Douala: Options for Intergrated Coastal Management*	Suinyuy Derrick Ngoran, Xue Xiongzhi*	Anchor Academic Publishing
13	2015	河口区海洋环境监测与评价一体化研究——以珠江口为例	叶璐、张珞平*	海洋出版社
14	2015	福建峨眉峰自然保护区综合科学考察报告	李振基*、陈小麟*、刘长明、金斌松	科学出版社
15	2015	城市总体规划环境影响评价技术方法及应用研究	石晓枫*、兰芬*、郑冠凌*	中国环境出版社
16	2015	Polyadenylation in Plants	Arthur G. Hunt, Qingshun Quinn Li*	Springer New York
17	2015	晋江滨海绿化植物图谱	王文卿*、张琳婷*	海峡书局
18	2015	海洋环境经济政策：理论与实践	彭本荣*、郑冬梅、洪荣标、杨薇、饶欢欢	海洋出版社
19	2015	*Estuarine, Coastal and Shelf Science Special Issue: River-estuary-coast continuum: biogeochemistry and ecological response to increasing human and climatic changes*	Deli Wang, Nengwang Chen*, Hongbin Liu, Cindy Lee	Elsevier
20	2015	深圳湾底栖动物生态学	蔡立哲*	厦门大学出版社

续表

序号	出版年份（年）	教材或著作名称	作者	出版单位
21	2016	南方滨海沙生植物资源及沙地植被修复	王文卿*、陈洋芳、李芊芊、范志阳	厦门大学出版社
22	2016	福建省陆域常见动植物图鉴	陈小麟*、侯学良、李振基*、林清贤*、罗大民	高等教育出版社
23	2016	福建省蓝色经济发展评估	彭本荣*、杨薇、徐佳音	海洋出版社
24	2018	滨海蓝碳——红树林、盐沼、海草床碳储量和碳排放因子评估方法	陈鹭真*、卢伟志、林光辉	厦门大学出版社
25	2019	植物的智慧	李振基*、李两传	中国林业出版社
26	2019	黄山鸟类	林清贤*、尹莺、钱阳平、张丽荣、王夏晖	中国环境出版集团
27	2019	海口湿地——红树林篇	陈鹭真*、钟才荣、陈松、顾肖璇*	厦门大学出版社
28	2019	三亚红树林	王瑁*、王文卿*、林贵生	科学出版社
29	2020	君子峰鸟类	林清贤*、尹莺	厦门大学出版社
30	2020	滨海湿地环境生态学	蔡立哲*等	厦门大学出版社

二、代表性论文

（一）环境科学与工程

序号	文章	发表时间
1	Huang，JL；Pontius，RG；Li，QS；Zhang，YJ，Use of intensity analysis to link patterns with processes of land change from 1986 to 2007 in a coastal watershed of southeast China，APPLIED GEOGRAPHY，2012，34:371-384.	2012 年
2	Chen，BZ；Landry，MR；Huang，BQ；Liu，HB，Does warming enhance the effect of microzooplankton grazing on marine phytoplankton in the ocean，LIMNOLOGY AND OCEANOGRAPHY，2012，57(2):519-526.	2012 年
3	Chen，NW；Hong，HS，Integrated management of nutrients from the watershed to coast in the subtropical region，CURRENT OPINION IN ENVIRONMENTAL SUSTAINABILITY，2012，4(2):233-242.	2012 年
4	Chen，NW；Wu，JZ；Hong，HS，Effect of storm events on riverine nitrogen dynamics in a subtropical watershed，southeastern China，SCIENCE OF THE TOTAL ENVIRONMENT，2012，431:357-365.	2012 年
5	Tan，QG；Wang，WX，Two-Compartment toxicokinetic-toxicodynamic model to predict metal toxicity in *Daphnia magna*，ENVIRONMENTAL SCIENCE & TECHNOLOGY，2012，46(17):9709-9715.	2012 年

续表

序号	文章	发表时间
6	Shi, DL; Kranz, SA; Kim, JM; Morel, FMM, Ocean acidification slows nitrogen fixation and growth in the dominant diazotroph *Trichodesmium* under low-iron conditions, PROCEEDINGS OF THE NATIONAL ACADEMY OF SCIENCES OF THE UNITED STATES OF AMERICA, 2012, 109(45):E3094-E3100.	2012 年
7	Liu, YX; Yan, JM; Yuan, DX; Li, QL; Wu, XY, The study of lead removal from aqueous solution using an electrochemical method with a stainless steel net electrode coated with single wall carbon nanotubes, CHEMICAL ENGINEERING JOURNAL, 2013, 218:81-88.	2013 年
8	Sun, LM; Feng, LF; Yuan, DX; Lin, SS; Huang, SY; Gao, LM; Zhu, Y, The extent of the influence and flux estimation of volatile mercury from the aeration pool in a typical coal-fired power plant equipped with a seawater flue gas desulfurization system, SCIENCE OF THE TOTAL ENVIRONMENT, 2013, 444:559-564.	2013 年
9	Li, C; Zhang, Y; Xie, ZX; He, ZP; Lin, L; Wang, DZ, Quantitative proteomic analysis reveals evolutionary divergence and species-specific peptides in the *Alexandrium tamarense* complex (Dinophyceae), JOURNAL OF PROTEOMICS, 2013, 86:85-96.	2013 年
10	Chen, B; Zheng, L; Huang, B; Song, S; Liu, H, Seasonal and spatial comparisons of phytoplankton growth and mortality rates due to microzooplankton grazing in the northern South China Sea, BIOGEOSCIENCES, 2013, 10(4):2775-2785.	2013 年

续表

序号	文章	发表时间
11	Dong, HP; Wang, DZ; Xie, ZX; Dai, MH; Hong, HS, Metaproteomic characterization of high molecular weight dissolved organic matter in surface seawaters in the South China Sea, GEOCHIMICA ET COSMOCHIMICA ACTA, 2013, 109: 51-61.	2013年
12	Li, QL; Wang, FZ; Wang, ZA; Yuan, DX; Dai, MH; Chen, JS; Dai, JW; Hoering, KA, Automated spectrophotometric analyzer for rapid single-point titration of seawater total alkalinity, ENVIRONMENTAL SCIENCE & TECHNOLOGY, 2013, 47(19):11139-11146.	2013年
13	Sun, P; Clamp, JC; Xu, DP; Huang, BQ; Shin, MK; Turner, F, An ITS-based phylogenetic framework for the genus *Vorticella*: finding the molecular and morphological gaps in a taxonomically difficult group, PROCEEDINGS OF THE ROYAL SOCIETY B-BIOLOGICAL SCIENCES, 2013, 280(1771).	2013年
14	Chen, BZ; Laws, EA; Liu, HB; Huang, BQ, Estimating microzooplankton grazing half-saturation constants from dilution experiments with nonlinear feeding kinetics, LIMNOLOGY AND OCEANOGRAPHY, 2014, 59(3):639-644.	2014年
15	Hong, HZ; Li, DM; Shen, R; Wang, XH; Shi, DL, Mechanisms of hexabromocyclododecanes induced developmental toxicity in marine medaka (*Oryzias melastigma*) embryos, AQUATIC TOXICOLOGY, 2014, 152:173-185.	2014年
16	Wang, YY; Wang, DZ; Lin, L; Wang, MH, Quantitative proteomic analysis reveals proteins involved in the neurotoxicity of marine medaka *Oryzia smelastigma* chronically exposed to inorganic mercury, CHEMOSPHERE, 2015, 119:1126-1133.	2015年

续表

序号	文章	发表时间
17	Chen，HM；Huang，DP；Su，XY；Huang，JL；Jing，XL；Du，MM；Sun，DH；Jia，LS；Li，QB，Fabrication of Pd/gamma-Al_2O_3 catalysts for hydrogenation of 2-ethyl-9，10-anthraquinone assisted by plant-mediated strategy，CHEMICAL ENGINEERING JOURNAL，2015，262：356-363.	2015 年
18	Huang，YM；Yuan，DX；Zhu，Y；Feng，SC，Real-time redox speciation of iron in estuarine and coastal surface waters，ENVIRONMENTAL SCIENCE & TECHNOLOGY，2015，49（6）：3619-3627.	2015 年
19	Weng，NY；Wang，WX，Reproductive responses and detoxification of estuarine oyster *Crassostrea hongkongensis* under metal stress：aseasonal study，ENVIRONMENTAL SCIENCE & TECHNOLOGY，2015，49(5)：3119-3127.	2015 年
20	Tan，QG；Wang，Y；Wang，WX，Speciation of Cu and Zn in two colored oyster species determined by X-ray absorption spectroscopy，ENVIRONMENTAL SCIENCE & TECHNOLOGY，2015，49(11)：6919-6925.	2015 年
21	Shi，DL；Li，WY；Hopkinson，BM；Hong，HZ；Li，DM；Kao，SJ；Lin，WF，Interactive effects of light，nitrogen source，and carbon dioxide on energy metabolism in the diatom *Thalassiosira pseudonana*，LIMNOLOGY AND OCEANOGRAPHY，2015，60(5)：1805-1822.	2015 年
22	Zhang，H；Wang，DZ；Xie，ZX；Zhang，SF；Wang，MH；Lin，L，Comparative proteomics reveals highly and differentially expressed proteins in field-collected and laboratory-cultured blooming cells ofthe diatom *Skeletonema costatum*，ENVIRONMENTAL MICROBIOLOGY，2015，17(10)：3976-3991.	2015 年

续表

序号	文章	发表时间
23	Liu, X; Chiang, KP; Liu, SM; Wei, H; Zhao, Y; Huang, BQ, Influence of the Yellow Sea Warm Current on phytoplankton community in the central Yellow Sea, DEEP-SEA RESEARCH PART I-OCEANOGRAPHIC RESEARCH PAPERS, 2015, 106:17-29.	2015 年
24	Cao, D; Cao, WZ; Liang, Y; Huang, Z, Nutrient variations and isotopic evidences of particulate organic matter provenance in fringing reefs, South China, SCIENCE OF THE TOTAL ENVIRONMENT, 2016, 566:378-386.	2016 年
25	Habtemariam, BT; Fang, QH, Zoning for a multiple-use marine protected area using spatial multi-criteria analysis: The case of the Sheik Seid Marine National Park in Eritrea, MARINE POLICY, 2016, 63:135-143.	2016 年
26	Hong, HZ; Shen, R; Zhang, FT; Wen, ZZ; Chang, SW; Lin, WF; Kranz, SA; Luo, YW; Kao, SJ; Morel, FMM; Shi, DL, The complex effects of ocean acidification on the prominent N-2-fixing cyanobacterium *Trichodesmium*, SCIENCE, 2017, 356(6337):527-530.	2017 年
27	Wang, MH; Lee, JS; Li, Y, Global proteome profiling of a marine copepod and the mitigating effect of ocean acidification on mercury toxicity after multigenerational exposure, ENVIRONMENTAL SCIENCE & TECHNOLOGY, 2017, 51(10):5820-5831.	2017 年

续表

序号	文章	发表时间
28	Ya, ML; Wang, XH; Wu, YL; Li, YY; Yan, JM; Fang, C; Zhao, YY; Qian, RR; Lin, XL, Seasonal variation of terrigenous polycyclic aromatic hydrocarbons along the marginal seas of China: input, phase partitioning, and ocean-current transport, ENVIRONMENTAL SCIENCE & TECHNOLOGY, 2017, 51 (16):9072-9079.	2017 年
29	Xie, ZX; Chen, F; Zhang, SF; Wang, MH; Zhang, H; Kong, LF; Dai, MH; Hong, HS; Lin, L; Wang, DZ, Metaproteomics of marine viral concentrates reveals key viral populations and abundant periplasmic proteins in the oligotrophic deep chlorophyll maximum of the South China Sea, ENVIRONMENTAL MICROBIOLOGY, 2018, 20(2):477-491.	2018 年
30	Li, DX; Zhang, H; Chen, XH; Xie, ZX; Zhang, Y; Zhang, SF; Lin, L; Chen, F; Wang, DZ, Metaproteomics reveals major microbial players and their metabolic activities during the blooming period of a marine dinoflagellate *Prorocentrum donghaiense*, ENVIRONMENTAL MICROBIOLOGY, 2018, 20(2):632-644.	2018 年
31	Chen, LY; Li, XL; Hong, HZ; Shi, DL, Multigenerational effects of 4-methylbenzylidene camphor (4-MBC) on the survival, development and reproduction of the marine copepod *Tigriopus japonicus*, AQUATIC TOXICOLOGY, 2018, 194:94-102.	2018 年
32	Zhang, YL; Ma, HY; Chen, R; Niu, Q; Li, YY, Stoichiometric variation and loading capacity of a high-loading anammox attached film expanded bed (AAEEB) reactor, BIORESOURCE TECHNOLOGY, 2018, 253:130-140.	2018 年

续表

序号	文章	发表时间
33	Tian，HY；Lindenmayer，DB；Wong，GTW；Mao，Z；Huang，Y；Xue，XZ，A methodological framework for coastal development assessment：A case study of Fujian Province，China，SCIENCE OF THE TOTAL ENVIRONMENT，2018，615：572-580.	2018 年
34	Luo，YW；Shi，DL；Kranz，SA；Hopkinson，BM；Hong，HZ；Shen，R；Zhang，FT，Reduced nitrogenase efficiency dominates response of the globally important nitrogen fixer *Trichodesmium* to ocean acidification，NATURE COMMUNICATIONS，2019，10.	2019 年
35	Xiao，WP；Laws，EA；Xie，YY；Wang，L；Liu，X；Chen，JX；Chen，BZ；Huang，BQ，Responses of marine phytoplankton communities to environmental changes：New insights from a niche classification scheme，WATER RESEARCH，2019，166.	2019 年
36	Huang，YB；Chen，BZ；Huang，BQ；Zhou，H；Yuan，YQ，Potential overestimation of community respiration in the western Pacific boundary ocean：What causes the putative net heterotrophy in oligotrophic systems，LIMNOLOGY AND OCEANOGRAPHY，2019，64(5)：2202-2219.	2019 年
37	Tan，QG；Lu，SH；Chen，R；Peng，JH，Making acute tests more ecologically relevant：Cadmium bioaccumulation and toxicity in an estuarine clam under various salinities modeled in a toxicokinetic-toxicodynamic framework，ENVIRONMENTAL SCIENCE & TECHNOLOGY，2019，53(5)：2873-2880.	2019 年

续表

序号	文章	发表时间
38	Zhang, C; Jeong, CB; Lee, JS; Wang, DZ; Wang, MH, Transgenerational proteome plasticity in resilience of a marine copepod in response to environmentally relevant concentrations of microplastics, ENVIRONMENTAL SCIENCE & TECHNOLOGY, 2019,53(14):8426-8436.	2019 年
39	Ya, ML; Wu, YL; Wu, SP; Li, YY; Mu, JL; Fang, C; Yan, JM; Zhao, YY; Qian, RR; Lin, XL; Wang, XH, Impacts of seasonal variation on organochlorine pesticides in the East China Sea and Northern South China Sea, ENVIRONMENTAL SCIENCE & TECHNOLOGY, 2019, 53(22):13088-13097.	2019 年
40	Lin, KD; Zhang, L; Li, QL; Lu, BY; Yu, Y; Pei, JX; Yuan, DX; Gan, J, A novel active sampler coupling osmotic pump and solid phase extraction for in situ sampling of organic pollutants in surface water, ENVIRONMENTAL SCIENCE & TECHNOLOGY, 2019, 53(5):2579-2585.	2019 年
41	Bai, MD; Zheng, QL; Zheng, W; Li, HY; Lin, SY; Huang, LF; Zhang, ZT, Center dot OH inactivation of cyanobacterial blooms and degradation of toxins in drinking water treatment system, WATER RESEARCH, 2019, 154:144-152.	2019 年
42	Fang, QH; Zhu, SQ; Ma, DQ; Zhang, LY; Yang, SZ, How effective is a marine spatial plan: An evaluation case study in China, ECOLOGICAL INDICATORS, 2019, 98:508-514.	2019 年
43	Mao, Z; Xue, X; Tian, H; Michael, AU, How will China realize SDG 14 by 2030? —A case study of an institutional approach to achieve proper control of coastal water pollution, JOURNAL OF ENVIRONMENTAL MANAGEMENT, 2019, 230:53-62.	2019 年

（二）生态学

序号	文章	发表时间
1	Wang, WH; Yi, XQ; Han, AD; Liu, TW; Chen, J; Wu, FH; Dong, XJ; He, JX; Pei, ZM; Zheng, HL, Calcium-sensing receptor regulates stomatal closure through hydrogen peroxide and nitric oxide in response to extracellular calcium in *Arabidopsis*, JOURNAL OF EXPERIMENTAL BOTANY, 2012, 63(1): 177-190.	2012 年
2	Chen, J; Wu, FH; Liu, TW; Chen, L; Xiao, Q; Dong, XJ; He, JX; Pei, ZM; Zheng, HL, Emissions of nitric oxide from 79 plant species in response to simulated nitrogen deposition, ENVIRONMENTAL POLLUTION, 2012, 160:192-200.	2012 年
3	Zhang, YH; Huang, GM; Wang, WQ; Chen, LZ; Lin, GH, Interactions between mangroves and exotic *Spartina* in an anthropogenically disturbed estuary in southern China, ECOLOGY, 2012, 93(3):588-597.	2012 年
4	Ye, J; Yan, CL; Liu, JC; Lu, HL; Liu, T; Song, ZF, Effects of silicon on the distribution of cadmium compartmentation in root tips of *Kandelia obovata* (S., L.) Yong, ENVIRONMENTAL POLLUTION, 2012, 162:369-373.	2012 年
5	Chai, WM; Shi, Y; Feng, HL; Qiu, L; Zhou, HC; Deng, ZW; Yan, CL; Chen, QX, NMR, HPLC-ESI-MS, and MALDI-TOF MS analysis of condensed tannins from *Delonix regia* (Bojer ex Hook.) rat and their bioactivities, JOURNAL OF AGRICULTURAL AND FOOD CHEMISTRY, 2012, 60(19): 5013-5022.	2012 年

续表

序号	文章	发表时间
6	Chen, LZ; Zeng, XQ; Tam, NFY; Lu, WZ; Luo, ZK; Du, XN; Wang, J, Comparing carbon sequestration and stand structure of monoculture and mixed mangrove plantations of *Sonneratia caseolaris* and *S. apetala* in Southern China, FOREST ECOLOGY AND MANAGEMENT, 2012, 284:222-229.	2012 年
7	Zhu, Z; Chen, J; Zheng, HL, Physiological and proteomic characterization of salt tolerance in a mangrove plant, *Bruguiera gymnorrhiza* (L.) Lam, TREE PHYSIOLOGY, 2012, 32(11): 1378-1388.	2012 年
8	Weng, BS; Xie, XY; Weiss, DJ; Liu, JC; Lu, HL; Yan, CL, *Kandelia obovata* (S., L.) Yong tolerance mechanisms to cadmium: Subcellular distribution, chemical forms and thiol pools, MARINE POLLUTION BULLETIN, 2012, 64(11):2453-2460.	2012 年
9	Zheng, XQ; Huang, LF; Huang, BQ; Lin, YQ, Factors regulating population dynamics of the amphipod *Ampithoe valida* in a eutrophic subtropical coastal lagoon, ACTA OCEAN OLOGICA SINICA, 2013, 32(6):56-65.	2013 年
10	Chen, J; Wang, WH; Wu, FH; You, CY; Liu, TW; Dong, XJ; He, JX; Zheng, HL, Hydrogen sulfide alleviates aluminum toxicity in barley seedlings, PLANT AND SOIL, 2013, 362 (42371):301-318.	2013 年
11	Ma, LY; Guo, C; Li, QSQ, Role of alternative polyadenylation in epigenetic silencing and antisilencing, PROCEEDINGS OF THE NATIONAL ACADEMY OF SCIENCES OF THE UNITED STATES OF AMERICA, 2014, 111(1):9-10.	2014 年

续表

序号	文章	发表时间
12	Wang, XX; Huang, BQ; Zhang, H, Phosphorus deficiency affects multiple macromolecular biosynthesis pathways of *Thalassiosira weissflogii*, ACTA OCEANOLOGICA SINICA, 2014, 33(4):85-91.	2014 年
13	Li, ZJ; Wang, WQ; Zhang, YH, Recruitment and herbivory affect spread of invasive *Spartina alterniflora* in China, ECOLOGY, 2014, 95(7):1972-1980.	2014 年
14	Lunstrum, A; Chen, LZ, Soil carbon stocks and accumulation in young mangrove forests, SOIL BIOLOGY & BIOCHEMISTRY, 2014, 75:223-232.	2014 年
15	Wang, M; Gao, XQ; Wang, WQ, Differences in burrow morphology of crabs between *Spartina alterniflora* marsh and mangrove habitats, ECOLOGICAL ENGINEERING, 2014, 69:213-219.	2014 年
16	Wu, WX; Huang, BQ; Liao, Y; Sun, P, Picoeukaryotic diversity and distribution in the subtropicaltropical South China Sea, FEMS MICROBIOLOGY ECOLOGY, 2014, 89(3):563-579.	2014 年
17	Zhou, XP; Lin, QX; Fang, WZ; Chen, XL, The complete mitochondrial genomes of sixteen ardeid birds revealing the evolutionary process of the gene rearrangements, BMC GENOMICS, 2014, 15.	2014 年
18	Chen, YP; Chen, GC; Ye, Y, Coastal vegetation invasion increases greenhouse gas emission from wetland soils but also increases soil carbon accumulation, SCIENCE OF THE TOTAL ENVIRONMENT, 2015, 526:19-28.	2015 年

续表

序号	文章	发表时间
19	Liu，WW；Maung-Douglass，K；Strong，DR；Pennings，SC；Zhang，YH，Geographical variation in vegetative growth and sexual reproduction of the invasive *Spartina alterniflora* in China，JOURNAL OF ECOLOGY，2016，104(1)：173-181.	2016 年
20	Wang，WH；He，EM；Guo，Y；Tong，QX；Zheng，HL，Chloroplast calcium and ROS signaling networks potentially facilitate the primed state for stomatal closure under multiple stresses，ENVIRONMENTAL AND EXPERIMENTAL BOTANY，2016，122：85-93.	2016 年
21	Liu，X；Chen，J；Wang，GH；Wang，WH；Shen，ZJ；Luo，MR；Gao，GF；Simon，M；Ghoto，K；Zheng，HL，Hydrogen sulfide alleviates zinc toxicity by reducing zinc uptake and regulating genes expression of antioxidative enzymes and metallothioneins in roots of the cadmium/zinc hyperaccumulator *Solanum nigrum* L.，PLANT AND SOIL，2016，400(42371)：177-192.	2016 年
22	Wu，XH；Zhang，YM；Li，QSQ，PlantAPA：A portal for visualization and analysis of alternative polyadenylation in plants，FRONTIERS IN PLANT SCIENCE，2016，7.	2016 年
23	Liu，SG；Luo，YR；Huang，LF，Dynamics of size-fractionated bacterial communities during the coastal dispersal of treated municipal effluents，APPLIED MICROBIOLOGY AND BIOTECHNOLOGY，2016，100(13)：5839-5848.	2016 年
24	Lei，W；Fang，WZ；Zhou，XP；Lin，QX；Chen，XL，Population genetic diversity and geographical differentiation of MHC class II DAB genesin the vulnerable Chinese egret（*Egretta eulophotes*），CONSERVATION GENETICS，2016，17(6)：1459-1468.	2016 年

续表

序号	文章	发表时间
25	Liu, X; Xiao, WP; Landry, MR; Chiang, KP; Wang, L; Huang, BQ, Responses of phytoplankton communities to environmental variability in the East China Sea, ECOSYSTEMS, 2016, 19(5):832-849.	2016 年
26	Fu, HH; Yang, DW; Su, WY; Ma, LY; Shen, YJ; Ji, GL; Ye, XF; Wu, XH; Li, QSQ, Genome-wide dynamics of alternative polyadenylation in rice, GENOME RESEARCH, 2016, 26(12):1753-1760.	2016 年
27	Chen, J; Shen, ZJ; Lu, WZ; Liu, X; Wu, FH; Gao, GF; Liu, YL; Wu, CS; Yan, CL; Fan, HQ; Zhang, YH; Zheng, HL, Leaf miner-induced morphological, physiological and molecular changes in mangrove plant *Avicennia marina* (Forsk.) Vierh, TREE PHYSIOLOGY, 2017, 37(1):82-97.	2017 年
28	Li, YF; Qiu, JH; Zhao, B; Pavao-Zuckerman, M; Bruns, A; Qureshi, S; Zhang, C; Li, Y, Quantifying urban ecological governance: A suite of indices characterizes the ecological planning implications of rapid coastal urbanization, ECOLOGICAL INDICATORS, 2017, 72:225-233.	2017 年
29	Liu, WW; Strong, DR; Pennings, SC; Zhang, YH, Provenance-by-environment interaction of reproductive traits in the invasion of *Spartina alterniflora* in China, ECOLOGY, 2017, 98(6):1591-1599.	2017 年
30	Jiang, S; Weng, BS; Liu, T; Su, Y; Liu, JC; Lu, HL; Yan, CL, Response of phenolic metabolism to cadmium and phenanthrene and its influence on pollutant translocations in the mangrove plant *Aegiceras corniculatum* (L.) Blanco (Ac), ECOTOXICOLOGY AND ENVIRONMENTAL SAFETY, 2017, 141:290-297.	2017 年

续表

序号	文章	发表时间
31	Lin, JC; Xu, RW; Wu, XH; Shen, YJ; Li, QSQ, Role of cleavage and polyadenylation specificity factor 100: Anchoring-poly(A) sites and modulating transcription termination, PLANT JOURNAL, 2017, 91(5):829-839.	2017 年
32	Ye, CT; Long, YQ; Ji, GL; Li, QQ; Wu, XH, APAtrap: Identification and quantification of alternative polyadenylation sites from RNA-seq data, BIOINFORMATICS, 2018, 34(11):1841-1849.	2018 年
33	Zhang, YH; Meng, HY; Wang, Y; He, Q, Herbivory enhances the resistance of mangrove forest to cordgrass invasion, ECOLOGY, 2018, 99(6):1382-1390.	2018 年
34	Wang, Q; Li, JW; Chen, JY; Hong, HL; Lu, HL; Liu, JC; Dong, YW; Yan, CL, Glomalin-related soil protein deposition and carbon sequestration in the Old Yellow River delta, SCIENCE OF THE TOTAL ENVIRONMENT, 2018, 625:619-626.	2018 年
35	Chen, GC; Gao, M; Pang, BP; Chen, SY; Ye, Y, Top-meter soil organic carbon stocks and sources in restored mangrove forests of different ages, FOREST ECOLOGY AND MANAGEMENT, 2018, 422:87-94.	2018 年
36	Shen, ZJ; Chen, J; Ghoto, K; Hu, WJ; Gao, GF; Luo, MR; Li, Z; Simon, M; Zhu, XY; Zheng, HL, Proteomic analysis on mangrove plant *Avicennia marina* leaves reveals nitric oxide enhances the salt tolerance by up-regulating photosynthetic and energy metabolic protein expression, TREE PHYSIOLOGY, 2018, 38(11):1605-1622.	2018 年

续表

序号	文章	发表时间
37	Peng, D; Chen, LZ; Pennings, SC; Zhang, YH, Using a marsh organ to predict future plant communities in a Chinese estuary invaded by an exotic grass and mangrove, LIMNOLOGY AND OCEANOGRAPHY, 2018, 63(6):2595-2605.	2018 年
38	Li, Y; Yin, BC; Li, YF, Early warning signals for landscape connectivity and resilient conservation solutions, LAND DEGRADATION & DEVELOPMENT, 2019, 30(1):73-83.	2019 年
39	Wang, Q; Mei, DG; Chen, JY; Lin, YS; Liu, JC; Lu, HL; Yan, CL, Sequestration of heavy metal by glomalin-related soil protein: Implication for water quality improvement in mangrove wetlands, WATER RESEARCH, 2019, 148:142-152.	2019 年
40	Li, YF; Lin, JY; Li, Y; Nyerges, T, Developing a resilience assessment framework for the urban land-water system, LAND-DEGRADATION & DEVELOPMENT, 2019, 30(9): 1107-1120.	2019 年
41	Zhang, YM; Ding, YP; Wang, WQ; Li, YX; Wang, M, Distribution of fish among *Avicennia* and *Sonneratia* microhabitats in a tropical mangrove ecosystem in South China, ECOSPHERE, 2019, 10(6).	2019 年
42	Zhang, XM; Liu, LX; Su, ZM; Tang, J; Shen, ZJ; Gao, GF; Yi, Y; Zheng, HL, Expression analysis of calcium-dependent protein kinases (CDPKs) superfamily genes in *Medicago lupulina* in response to high calcium, carbonate and drought, PLANT AND SOIL, 2019, 441(43467):219-234.	2019 年
43	Yu, ZB; Lin, JC; Li, QSQ, Transcriptome analyses of FY mutants reveal its role in mRNA alternative polyadenylation, PLANT CELL, 2019, 31(10):2332-2352.	2019 年

续表

序号	文章	发表时间
44	Yin, JJ; Zhou, M; Lin, ZR; Li, QSQ; Zhang, YY, Transgenerational effects benefit offspring across diverse environments: a meta-analysis in plants and animals, ECOLOGY LETTERS, 2019, 22(11):1976-1986.	2019 年
45	Gu, XX; Feng, HY; Tang, T; Tam, NFY; Pan, H; Zhu, QC; Dong, Y; Fazlioglu, F; Chen, LZ, Predicting the invasive potential of a non-native mangrove reforested plant (*Laguncularia racemosa*) in China, ECOLOGICAL ENGINEERING, 2019, 139.	2019 年
46	Xiao, WP; Laws, EA; Xie, YY; Wang, L; Liu, X; Chen, JX; Chen, BZ; Huang, BQ, Responses of marine phytoplankton communities to environmental changes: New insights from a niche classification scheme, WATER RESEARCH, 2019, 166.	2019 年
47	Qiao, HM; Liu, WW; Zhang, YH; Zhang, YY; Li, QSQ, Genetic admixture accelerates invasion via provisioning rapid adaptive evolution, MOLECULAR ECOLOGY, 2019, 28 (17): 4012-4027 .	2019 年
48	Su, WY; Ye, CT; Zhang, YH; Hao, SQ; Li, QSQ, Identification of putative key genes for coastal environments and cold adaptation in mangrove *Kandelia obovata* through transcriptome analysis, SCIENCE OF THE TOTAL ENVIRONMENT, 2019.	2019 年
49	Fu, HH; Wang, P; Wu, XH; Zhou, XX; Ji, GL; Shen, YJ; Li, QSQ; Liang, JR, Distinct genome-wide alternative polyadenylation during silicon response of marine diatom *Thalassiosira pseudonana*. PLANT JOURNAL,2019,99:67-80.	2019 年
50	Chen, JH; Chen, GC; Gu, YT; Zhu, H; Ye, Y, Fate of leaf litter in restored *Kandelia obovata* (S. L.) mangrove forests with different ages in Jiulong River Estuary, China, RESTORATION ECOLOGY, 2019, 28(2): 369-377.	2019 年

第三节 主要研究课题

一、重点项目介绍

(一)国家重点研发计划项目

项目名称:闽三角城市群生态安全保障及海岸带生态修复技术

研究领域:“典型脆弱生态修复与保护研究”重点专项

执行期限:2016—2020 年

首席科学家:曹文志

项目简介:

闽三角是指中国福建省的厦门、泉州和漳州三个地级市及所辖县区,这里是中国沿海开放地区之一,也是中国东部最重要的海湾型城市群之一。然而,当地的生态环境空间在面临着海岸带狭窄、系统复杂、全球气候变化等多方面自然挑战的同时,也承受着快速工业化与城镇化的挤压,以及由此带来的生态系统破坏、污染物排放增加、生态保障功能退化等问题;位于海陆连接带的河口海湾湿地也已然成为闽三角城市群中受影响最大的自然生态系统,亟待修复。

本项目针对东部沿海地区生态安全的共性问题和闽三角海湾型城市群的独特问题,开展闽三角城市群生态系统动态评价与精准监管技术研发、闽三角城市群生态风险预测与防控技术集成及预警平台开发、闽三角城市群生态安全格局网络设计及安全保障技术集成与示范、海岸带关键脆弱区生态修复与服务功能提升技术集成与示范、城市群生态安全协同联动决策支持系统开发与综合示范研究。

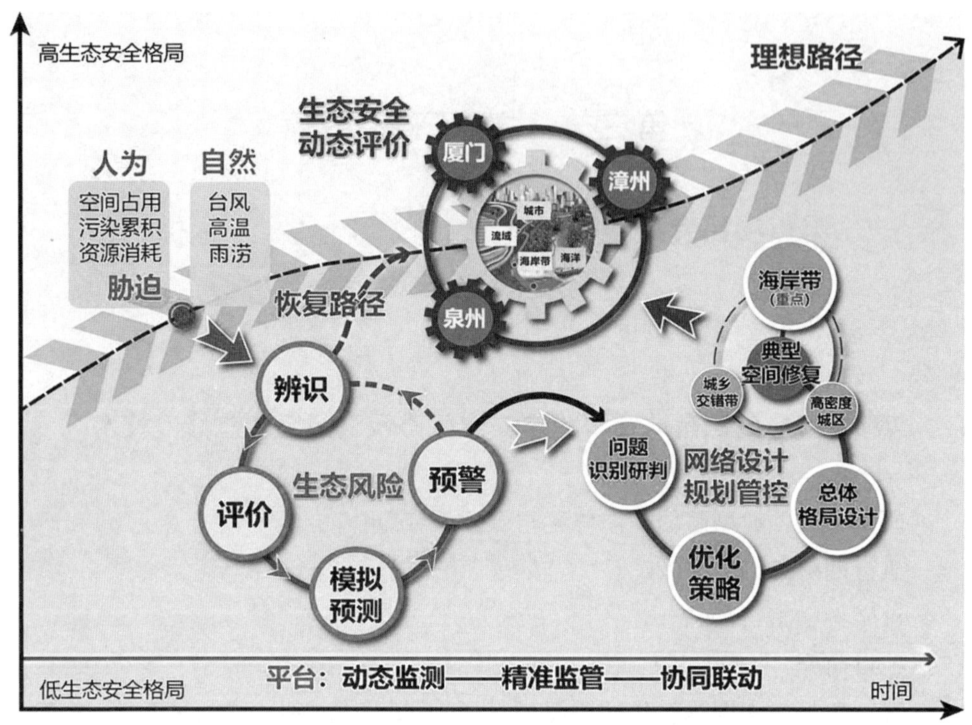

图 5-3-1　项目技术路线示意图(曹文志　供图)

项目名称:海洋生态系统储碳过程的多尺度调控及其对全球变化的响应

研究领域:"全球变化及应对"重点专项

执行期限:2016 年—2021 年

首席科学家:黄邦钦

项目简介:

海洋是地表系统中最大的碳库,在全球碳循环中起着举足轻重的作用,显著影响地球气候系统。生物泵和微型生物碳泵是海洋储碳的两个重要途径,其储碳效率在很大程度上决定了海洋和大气中的碳库变动,是碳增汇的关键过程。

项目围绕科学问题"全球变化影响下的海洋储碳机制和碳库变动",从现代生物地球化学过程入手,以生物群落结构和碳库变动存在显著差异的南海北部陆架、海盆和珊瑚礁三个典型生态系统为研究对象，在不同层级（基因—蛋白—个体—种群—群落—生态系统）水平上研究海洋生态系统的固碳过程、储碳机制及其对海洋酸化的响应；并结合不同沉积系统近2000年来的碳库变动，以及工业革命以来高分辨率的海水温度、pH和碳库记录，探讨海洋碳库变动对自然变化和人类活动的响应机制，阐明生物泵和微型生物碳泵储碳的调控机理。

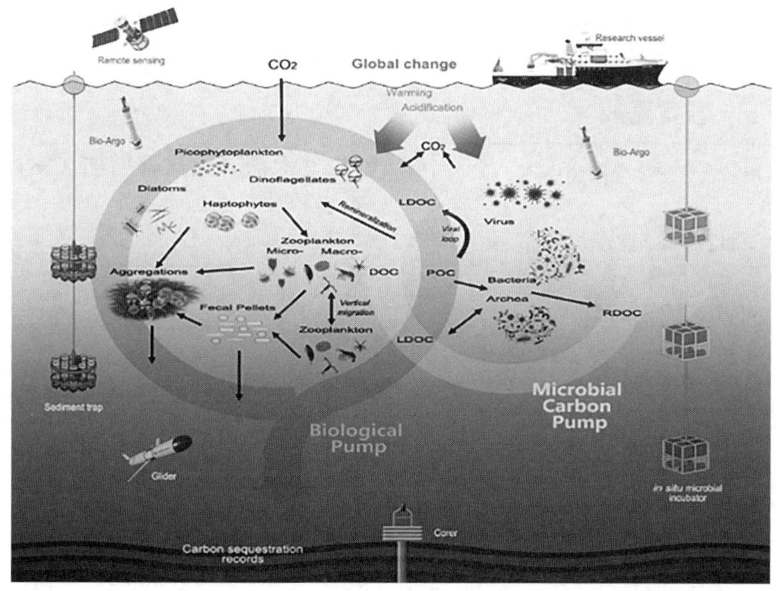

图 5-3-2　项目技术路线示意图（黄邦钦　供图）

项目名称：通过调控RNA加工因子表达促进作物再生技术研究

项目类型：政府间国际科技创新合作重点专项

执行期限：2016年—2019年

首席科学家：李庆顺

项目简介：

由于人口增长、耕地面积减少、环境污染和自然灾害影响等因素的影响，世界粮食安全所面临的挑战日益严峻。我国作为世界上人口最多，而人均耕地面积匮乏的国家，这一现象尤为突出。由于我国转基因事业起步晚，已经暂时落后于发达国家。在这一大背景下，我们通过与国外实验室开展合作交流，吸收国外优秀经验与专利，并进一步自我创新，有助于提升我国在这一领域的国际竞争力。

本研究团队将设计并构建基因不同转录本，转化植物株系，创制、验证、鉴定获得具备较高产量的株系，提供素材为进一步育种、推广做准备。我们还将对上述得到的转基因株系做3’末端高通量测序，搜寻与植物体再生相关的基因，在再生过程中验证其表达与多聚腺苷化水平的变化，探究这一过程的分子机制，为创造具有我国独立知识产权的新的农作物改良方法打下基础。

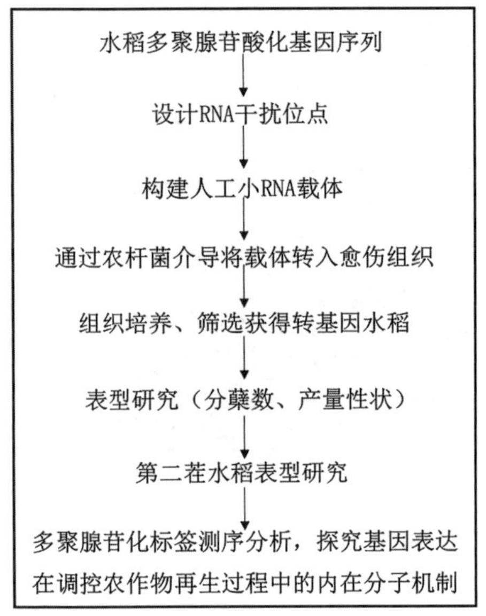

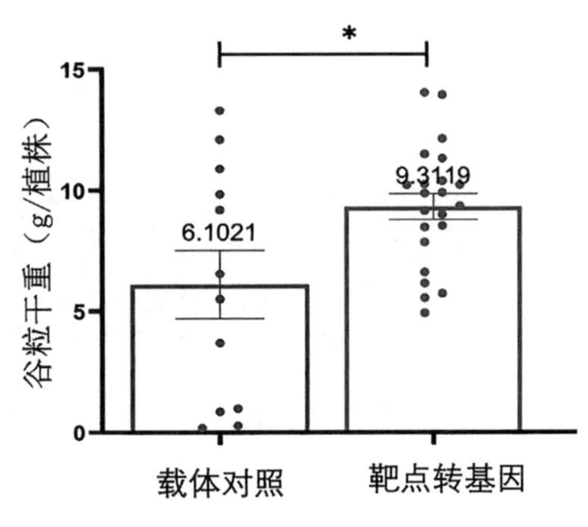

图5-3-3　项目技术路线示意图(李庆顺　供图)

项目名称:红树林等典型滨海湿地生态恢复和生态功能提升技术研究与示范

研究领域:“典型脆弱生态修复与保护研究”重点专项

执行期限:2017年—2020年

首席科学家:郑海雷

项目简介：

红树林是分布于热带亚热带潮间带的木本植物群落，是全球生产力最高的生态系统之一。随着我国东南沿海快速城市化和经济高速发展，该生态系统遭受巨大威胁。过去50年，我国红树林面积损失73%，海草床破坏严重，其主因是高强度人类活动，表现为土地利用方式改变(围垦和基建)、污染和外来物种入侵等，造成红树林等典型滨海湿地生物多样性丧失和生态功能严重退化，急剧恶化的滨海湿地生态对快速城市化和经济高速增长东南沿海可持续发展产生严重影响。

本项目目标是阐明人类活动影响下红树林等典型滨海湿地生态退化机制，研发红树林等典型滨海湿地生态恢复技术和功能提升技术，在福建厦门、广东珠海、海南陵水分别建立3个红树林和海草床生态恢复技术示范点，构建人类活动影响下红树林等典型滨海湿地安全调控模式与综合管理范式。

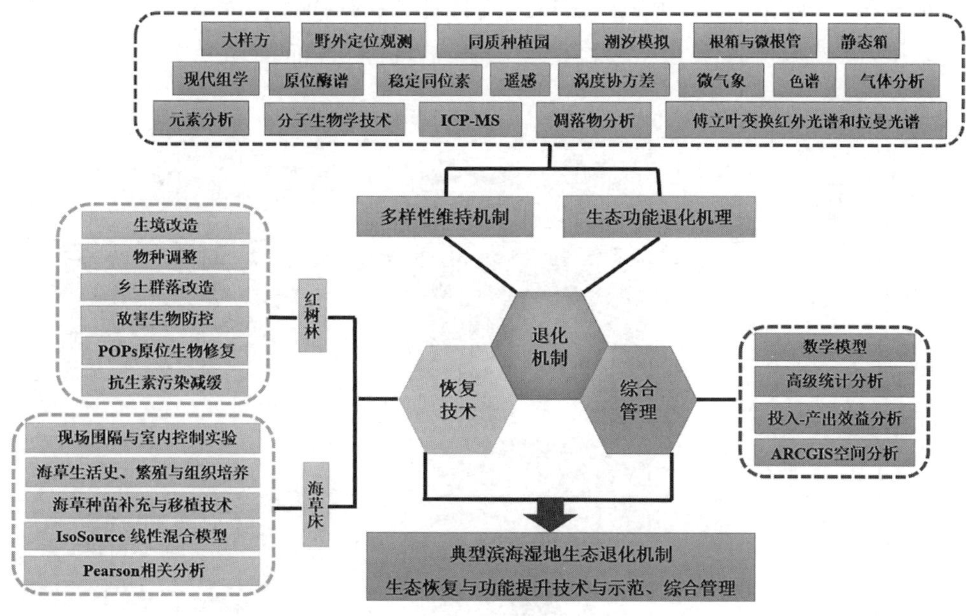

图5-3-4 项目技术路线示意图(郑海雷 供图)

项目名称:海水总碱度在线监测仪器的研制及产业化

研究领域:"海洋环境安全保障"重点专项

执行期限:2017 年—2020 年

首席科学家:陈进顺　李权龙

项目简介:

海水总碱度(total alkalinity, TA)是海水碳酸盐系统的四大参数之一,是海洋碳循环和海洋酸化研究的常用参数。TA 在线监测仪器是获取高时空分辨率海水 TA 数据的最佳手段。本项目在原有的工作基础上,研制两种海水 TA 在线监测仪器:(1)全自动的既可用于离散样品测定也可用于走航测定的船载走航 TA 测定仪;(2)可安装于浮标等固定平台上、用于长期观测的原位 TA 测定仪。同时,和企业紧密合作,对所研制的仪器进行标准化定型,实现批量生产,并建立海水 TA 在线监测仪器的产业化基地。两种仪器的性能将达到国际先进甚至领先水平,可望实现海水 TA 的高时空分辨率观测,进而推动相关科学研究的发展。

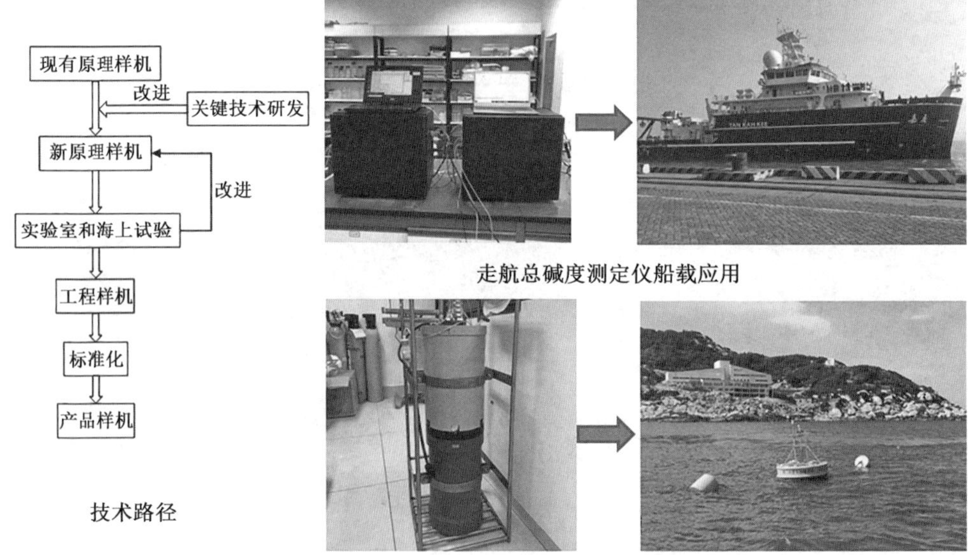

图 5-3-5　项目技术路线示意图(李权龙　供图)

项目名称:东海典型海区生物资源与环境效应评价及生态修复

研究领域:“海洋环境安全保障”重点专项

执行期限:2018年—2021年

首席科学家:黄凌风

项目简介:

东海是我国海洋生物资源最富饶的边缘海之一,但是随着东南沿海社会经济高速发展,近海生态系统遭受巨大威胁,亟需开展相关基础理论研究和恢复技术研发。项目按照“机理/机制研究→评估技术研究→应用技术研究与示范”科研链条,以大黄鱼等生物资源为研究对象,从基因-物种-群落-生态系统不同层级的角度进行研究,阐明人类活动影响下东海大黄鱼等资源退化机制与恢复原理,建立生物资源及其栖息地与承载力评估新技术,研发生物资源养护、栖息地修复和生态牧场构建技术,建立海洋牧场示范区,从而解决一系列关键科学、技术、产业需求问题,为东海区生物资源恢复和海洋环境安全保障提供科技支撑。

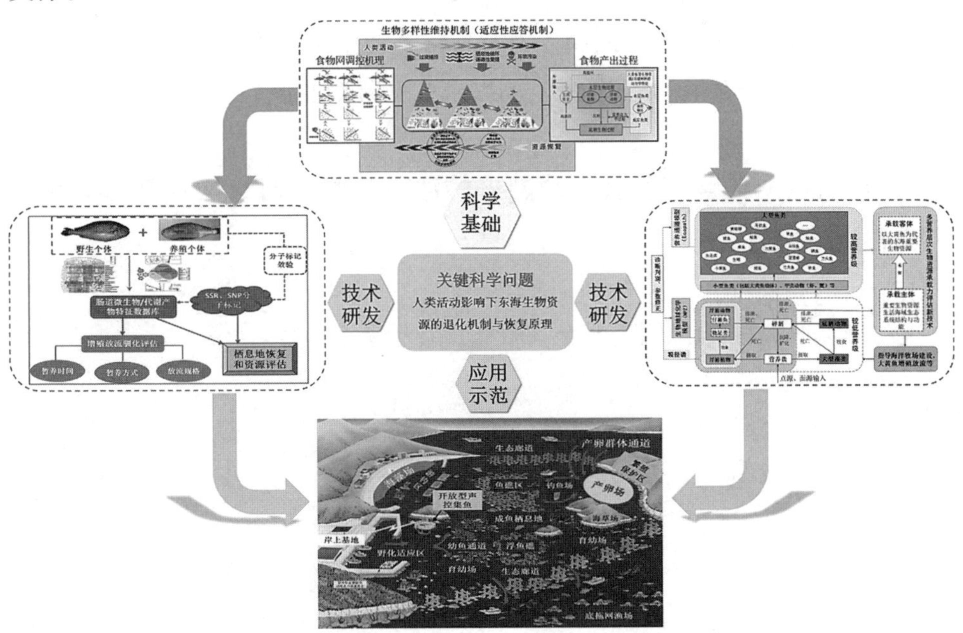

图5-3-6　项目技术路线示意图(黄凌风　供图)

（二）国家自然科学基金项目

项目名称：南海典型海区重要浮游植物功能群的演变及其与生物地球化学过程的耦合

项目类型：国家自然科学基金重点项目

执行期限：2008年—2011年

项目负责人：黄邦钦

项目简介：该项目从生态系统中浮游植物功能群结构以及浮游植物功能群为主导的生物泵效率变化两个角度分析南海典型生态系统与生源要素转换之间的关系。针对"浮游植物重要功能群与生物泵效率的耦合"这一科学问题，选择南海中北部典型海区为现场研究海域，通过比较研究不同生态系统（陆架、海盆与上升流生态系统）的浮游植物功能群的组成与海洋生物泵效率及碳的生物地球化学过程的影响，基本阐明了南海北部浮游植物主要类群和功能群的时空演变格局，揭示了群落结构对中尺度物理过程（涡旋、河口羽流、上升流）的响应，磷营养盐对浮游植物群落演替的调控及微型浮游动物对浮游植物的摄食作用，探讨了浮游植物群落结构、重要功能群与颗粒有机碳输出通量的关联。

项目名称：典型海区基于功能群的浮游植物群落结构及其与颗粒有机碳输出的耦合

项目类型：国家自然科学基金国家杰出青年基金项目

执行期限：2010年—2013年

项目负责人：黄邦钦

项目简介：本项目以我国亚热带典型边缘海——南海中北部和东海为现场研究海区，采用比较研究思路，应用大面调查（mapping study）、过程研究（process study）、现场培养实验和室内培养实验等相结合的研究策略。比较研究南海中北部和东海典型生态系统（如河口、陆架、海盆及上升流等）基于功能群的浮游植物群落结构的演变，不同功能群与生物泵效率和颗粒有机碳输出的关系。以此来回答"浮游植物功能群如何影响生物泵效率"这一科学问题；通过实验室内模拟实验,确定主要浮游植物重要功能群的碳同化途径和机制。

项目名称:钙及钙受体在树木响应酸雨中作用的分子机制

项目类型:国家自然科学基金重点项目

执行期限:2010 年—2013 年

项目负责人:郑海雷

项目简介:随着我国经济的快速发展,酸雨危害日益严重,已成为社会发展急需解决的重大科学问题。长期酸雨会造成森林生态系统 Ca 大量流失,以及森林树种的不同响应而导致森林衰退。项目运用分子生物学和生物化学的方法与技术,从耐酸雨和抗酸雨的树种中克隆钙受体 CAS 基因,分析其转录和翻译水平上的差异,用放射性同位素技术分析 CAS 蛋白和 Ca^{2+} 的结合能力,用 Ca^{2+} 荧光实时成像技术分析转化了不同树木来源 CAS 基因的 HEK293 细胞对 Ca^{2+} 刺激的反应灵敏度,揭示了 CAS 的种间差异和树木耐酸雨有关,同时运用蛋白组学、转录组学技术研究植物对酸雨响应的网络。从一个全新的角度认识酸雨导致森林衰退的分子机理,为酸雨的科学防治提供科学基础。

项目名称:海洋环境生物学

项目类型:国家自然科学基金优秀青年基金项目

执行期限:2013 年—2015 年

项目负责人:史大林

项目简介:氮是浮游植物生长所必需的常量营养元素,表层海水中氮的缺乏限制了全球大面积海洋的初级生产力。海水的氮营养盐结构和浮游植物的氮营养状况,很可能直接影响着浮游植物对全球变化环境因子的响应。本项目围绕“海洋酸化和常量营养盐氮的耦合作用对浮游植物的影响及其机制”这一科学问题(1)阐明了浮游植物与能量捕获、代谢、储存相关的各关键过程对氮源改变、海水酸化以及光照增强协同作用的响应机制,首次建立了藻细胞能量收支模型,有效预测了多环境因子联合胁迫对光合作用的影响;(2)系统、定量地比较分析了硅藻的各能量代谢关键过程,在氮充分和氮限制条件下对海水酸化响应的差异及其机理;(3)定性、定量地区分了海洋酸化影响中 CO_2 值升高和 pH 值下降对浮游植物关键生理生化过程的影响。

项目名称:极端天气下台湾海峡动力环境演变与生态响应机制

项目类型:国家自然科学基金促进海峡两岸科技合作联合基金项目

执行期限:2014 年—2017 年

项目负责人:洪华生

项目简介:项目整合两岸浮标锚系、现场调查的观测资料和遥感数据,结合数值模型,研究极端天气条件下(台风、寒潮),台湾海峡浙闽沿岸流、广东沿岸流、南海暖流、黑潮入侵分支等环流和河口羽流、上升流等局地过程交互作用及其时空变动特征以及浪－潮－流耦合机理;分析动力场演变对物质(水量、悬浮颗粒物、营养盐、CDOM 等)沿台湾海峡及跨海峡输送通量的影响范围和量级;以浮游生物量和类群结构指示生态系统对极端天气事件扰动的响应特征和机制。为台湾海峡生态环境在极端天气条件下的适应性对策研究提供科学基础数据积累,共同提升海峡两岸在防灾减灾方面的研究方法与监测预报能力,为海峡两岸在保障海洋环境安全及防灾减灾方面的合作提供科技支撑。

项目名称:南海浮游生态系统结构及其对生物泵效率的调控机制

项目类型:国家自然科学基金重点项目

执行期限:2014 年—2018 年

项目负责人:黄邦钦

项目简介:该项目从海洋真光层浮游生态系统入手,整理了多年份、多季节、高分辨率的浮游植物群落结构、重要浮游植物功能群生物量、初级生产力和群落净生产力、小型浮游动物摄食和中型浮游动物粪块等参数时空变动的数据资料。利用这些现场数据资料,结合卫星遥感资料和数学统计模型分析,研究了陆架－陆坡－海盆－上升流等不同生态系统浮游生物群落结构时空演变规律及环境调控机制、利用分子生物学技术重点分析了低纬度边缘海超微型真核生物的多样性及群落构建机制、聚焦中尺度物理过程,剖析了南海浮游植物群落对中尺度涡旋和近岸上升流的响应模式,初步揭示了群落结构和碳流过程对颗粒有机碳输出的影响和调控。

项目名称:海洋环境蛋白质组学

项目类型:国家自然科学基金国家杰出青年基金项目

执行期限:2015 年—2017 年

项目负责人:王大志

项目简介:本项目采用比较研究思路,围绕海洋碳泵的两个核心组成——颗粒和溶解有机物,比较研究不同生物地球化学"区系"有机物中蛋白质组成、来源和分子功能,重点研究蛋白功能活性与生物地球化学生境相互作用、生物学过程与生物地球化学过程耦合,揭示它们在有机物生产和再矿化中的作用,探讨颗粒和溶解性蛋白的环境归宿,阐释不同"区系"有机物生物地球化学循环过程和调控机制的异同,评估不同生态系统储碳机制和潜力。

项目名称:海峡两岸典型河口红树林生态系统中生源要素与高危重金属耦合机制及驱动力研究

项目类型:国家自然科学基金重点项目

执行期限:2016 年—2020 年

项目负责人:严重玲

项目简介:高危重金属与生源要素相互作用的宏观与微观生态学过程是生态学研究的前沿和核心内容。面对区域发展、生态与环境安全的多重需求,结合在海峡两岸重要河口湿地长期研究取得的显著成果比对发现的新的科学问题,研究海峡两岸重要河口红树林湿地生源要素与高危重金属关键生态学过程的驱动与耦合机制。探讨生源要素与污染物的耦合过程及其转化、传递和积累过程对海峡两岸河口环境安全影响的机理与污染物削减的新理论和新方法;分析河口红树林生态系统的功能对多重污染压力的响应过程;阐明生源要素驱动下红树林沉积物生物群落区域的分异性,比对由污染物以及人工调控驱动下的红树林生态系统的变化规律以及由此引起的沉积物质量变化过程和对红树林生态系统功能的影响；揭示海峡两岸重要河口生态系统持续稳定的关键生态学过程的变化规律及主控因子，并提出生态系统持续发展的调控对策。研究成果2019年在*Water Research*上报道，2020年两次在*Journal of Hazardous Materials*上报道。

项目名称：深紫外多维激光共聚焦显微荧光光谱系统研制

项目类型：国家自然科学基金国家重大科研仪器研制项目

执行期限：2017年—2021年

项目负责人：张勇

项目简介：本项目通过自主研发紫外激发光源透镜组，集现代激光光源、激光共聚焦显微成像、激光荧光寿命成像、多光谱荧光成像技术于一体，完成"深紫外多维激光共聚焦显微荧光光谱系统"的研制；利用这一系统，创建系列原位、可视化研究方法体系，实现PAHs等有机污染物在不同环境介质微区/微界上定量、可视化迁移过程及机制的研究；完善污染物界面过程非线性环境行为理论；并尝试将所得微观机制研究成果用于指导环境科学研究、污染治理技术的创新与应用。

项目名称：台湾海峡浮游植物群落演变及其对河口羽流—上升流耦合系统的响应

项目类型：国家自然科学基金促进海峡两岸科技合作联合基金项目

执行期限：2019年—2022年

项目负责人：黄邦钦

项目简介：该项目以亚热带海峡生态系统为研究对象，针对"浮游植物群落不同时空演变的驱动机制及其对羽流一上升流耦合的响应"科学问题，基于前期台湾海峡生态系统研究积累和两岸强强合作，通过历史数据的集成分析、现场调查研究与实验、遥感观测和数值模拟等技术手段，研究台湾海峡不同区域(东、西侧，不同河口羽流一上升流耦合影响区等)浮游植物生物量和群落组成的季节和年际演变规律及其驱动因子，探讨浮游植物群落长期演变与东亚季风、降水和

ENSO 等的关联，研究河口羽流—上升流耦合作用对该生态系统营养盐补充和循环的影响，探讨浮游生物群落对河口羽流—上升流耦合的响应模式与机制。

项目名称：海洋荒漠区生物固氮的时空格局、限制因子及对输出生产力的贡献

项目类型：国家自然科学基金重大项目

执行期限：2019 年—2023 年

项目负责人：史大林

项目简介：北太平洋副热带流涡区（NPSG）因强烈的水体层化形寡营养海洋荒漠，但却是全球最大的海洋碳汇区之一。有限的研究初物固氮是 NPSG 真光层主要的新氮来源之一，对其输出生产力可能有献。然而，除夏威夷海洋时间序列站及其邻近海域外，在 NPSG 广大过的系统性的生物固氮研究十分有限，对其发生机制、限制因子以及衍生的生物泵效应的认知严重不足。本项目拟于冬、夏两季在 NPSG 中具有不同生物地球化学特征的海区，采用化学、生物学等多学科交叉的理念和手段，通过现场观测—甲板受控培养实验—数据集成和分析，揭示 NPSG 生物固氮的时空格局，阐明其限制因子，探讨固氮作用引入的氮的归宿及其对输出生产力的贡献，从而达到从生物固氮的角度提升对 NPSG 生物泵结构和效率认识的目的。本研究对深入理解海洋荒漠区在全球海洋碳汇中的作用以及评估海洋荒漠区的增汇潜力，具有十分重要的意义。

项目名称：全球变化下的海洋初级生产力：海洋酸化对固氮束毛藻及其利用尘埃铁的影响

项目类型：国家自然科学基金国际（地区）合作研究与交流项目

执行期限：2019 年—2021 年

项目负责人：史大林

项目简介：固氮蓝藻束毛藻是海洋生态系统中氮营养盐的重要贡献者，其对海洋酸化的响应将显著影响海洋初级生产力。束毛藻的形态多样性、独特的铁

利用能力以及其生长对铁的高度需求，使得海洋酸化对束毛藻的影响具有复杂性和不确定性，有待系统的研究予以阐明。本项目拟采用化学与生物学交叉的研究思路和手段，将室内受控实验和现场原位培养相结合，运用痕量金属洁净实验技术以及化学、生理、生化和分子生物学等分析方法，揭示不同形态的束毛藻的固碳和固氮作用对酸化响应的差异，探明铁营养条件对酸化效应的调控作用，阐明酸化对束毛藻溶解、吸收和利用尘埃等颗粒态铁的影响及其机制，解析铁载体在束毛藻利用颗粒态铁中的作用及其受酸化的影响，旨在从海洋限制性营养元素氮和铁的角度提升对全球变化下海洋初级生产过程的认识。

项目名称：饮用水及管网生物膜中抗生素抗性细菌/基因的持久性及去除工艺研究

项目类型：国家自然科学基金国际（地区）合作研究与交流项目

执行期限：2019 年—2021 年

项目负责人：于鑫

项目简介：本项目合作方为新加坡国立大学土木与环境工程系的胡江泳教授团队，针对饮用水中的抗生素抗性基因问题展开研究。抗生素已被广泛用作人类药物、化学治疗以及畜牧业生长促进剂。大量的抗生素被释放到环境中，促进了自然界抗生素抗性细菌和抗生素抗性基因的产生、传播及扩散。本项目旨在全面评估饮用水中 ARB/ARGs 的含量，揭示其在饮用水系统中的演变、传播及维持机制，并建立新的处理方法以去除饮用水系统中的 ARB/ARGs。项目将从 ARB/ARGs 的检测和去除、发生演化机制，生物膜及其 ARB/ARGs 的控制等方面对饮用水系统中抗生素抗性进行全面评估，制定并实施 ARB/ARGs 的鉴定、量化和控制方案。

项目名称：海洋生物地球化学与全球变化

项目类型：国家自然科学基金国家杰出青年基金项目

执行期限：2020 年—2024 年

项目负责人：史大林

项目简介：本项目拟在前期工作的基础上，将室内受控实验、现场观测与培养、综合集成与预测等研究手段相结合，系统研究酸化和铁等限制性营养盐的耦合对浮游植物的影响及其效应，旨在阐释不同关键浮游植物类群受协同作用的影响及其机制，揭示浮游植物群落结构及其碳、氮生物地球化学过程对协同作用的响应，从而提升对全球变化下海洋生物地球化学循环关键过程及其调控机制和效应的认识。

项目名称：近岸海洋有害生物羟基自由基高效安全防控的关键技术研究

项目类型：国家自然科学基金促进海峡两岸科技合作联合基金项目

执行期限：2020 年—2023 年

项目负责人：白敏冬

项目简介：如何高效、安全地杀灭海洋有害生物同时矿化其释放的藻毒素是目前学术界研究的难点和热点之一。本项目围绕着“阐明大气压下持续微辉光放电的新科学现象、研创出基于智能化控制的船载羟基自由基（·OH）处理技术装备”的两大关键科技问题，开展四个方面的研究：大气压下微流注与微辉光交替促成强电离放电的形成原理，氧活性粒子水射流空化高效生成·OH 的机理，·OH 快速杀灭海洋赤潮生物同时矿化藻毒素的生物化学机制，海洋有害生物·OH 高效安全防控的新技术；基于此，完成大范围海上防控的技术应用，为近岸海洋生态保护修复提供重要的科技支撑。

项目名称：河口羽流对塑料垃圾陆海传输的调控作用研究

项目类型：国家自然科学基金国际（地区）合作研究与交流项目

执行期限：2020 年—2022 年

项目负责人：王新红

项目简介：海洋塑料污染形势严峻，河口是海洋塑料垃圾主要的来源和重要的运输通道，也是塑料垃圾向海洋环境迁移传输和沉积物累积的重要驱动力，而河口羽流对海洋塑料垃圾的来源、运输和环境归趋的重要性尚未有明确的理解和阐述。项目联合金砖国际组织的研究团队——俄罗斯科学院希尔绍夫海洋研究所、巴西里奥格兰德联邦大学海洋研究所，优势互补，采用船载荧光探测、遥感原位监测技术，现场调查以及数值模拟相结合的手段，跟踪、监测海洋塑料垃圾在河口羽流的动态变化过程，阐明塑料垃圾表面上微生物定值形成的生物膜与水动力的耦合关系，揭示河口羽流对海洋塑料垃圾的调控作用机制。

（三）其他国家级重大项目

项目名称：封闭海湾典型生境物理修复和生物修复的关键技术研究与集成示范

项目类型：国家海洋局海洋公益性行业科研专项

执行期限：2012 年—2015 年

首席科学家：黄凌风

项目简介：针对我国沿岸封闭海湾自净能力弱和滩涂、水体等典型生境退化严重的实际，以生境受损退化严重的福建闽东三沙湾为重点研究区域，建立基于“驱动力－压力－状态－影响－响应”框架模型的封闭海湾生境退化综合诊断技术；开发基于浅海水动力模型，充分利用潮、余流的稀释、输运能力降低湾内污染物积累的物理修复关键技术和综合利用盐土植物、大型藻类、贝类和多毛类改善水质和滩涂底质的生物修复关键技术，编制相关技术标准；提出封闭海湾典型退化生境的修复策略和三沙湾典型生境修复的技术方案。重点解决封闭海湾因积累性污染引起的生境退化问题。为提高我国封闭海湾生态环境保护与修复能力，保障沿海经济社会又好又快发展提供技术支撑和决策咨询。

项目名称：高藻水源地供水卫生保障羟基自由基氧化技术研究与示范

项目类型：国家科技支撑计划项目

执行期限：2013 年—2015 年

首席科学家：白敏冬

项目简介：本项目针对厦门九龙江北溪流域日益严峻的富营养化及水华爆发危及饮用水安全的重大问题，围绕开发饮用水安全保障技术的国家战略需求，重点突破高藻水源地饮用水预处理、饮用水的高效除嗅脱色、氧化降解藻毒素及三致物质等有机污染物的关键技术难点，进行高藻水的强氧化预处理技术研究、饮用水羟基自由基高效消毒除嗅技术研究。通过本项目的研究，建立了高效、经济、安全的高藻水预处理的组合工艺，研发了 500 m^3/h 高藻饮用水羟基自由基处理技术与装备，建成了规模为 12000 m^3/d，应用羟基自由基氧化与消毒技术的示范工程。

项目名称：中国—东盟海岸带可持续发展能力建设与交流平台构建

项目类型：中国—东盟海上合作基金项目

执行期限：2019 年—2023 年

首席科学家：薛雄志

项目简介：本项目从搭建海岸带可持续发展管理培训平台入手，建立多层次海洋管理人才培养合作机制，推动教育合作，建设以海岸带可持续发展为目标的海岸带管理培训联盟和合作网络，拟建成为提升和传播我国海洋软实力的载体，以海洋绿色软实力助力国家拓展"一带一路"战略目标。

二、国家级项目

项目名称	项目类别	负责人	立项时间
中国近海水母爆发的关键过程机理及生态环境效应——浮游植物群落演替与水母爆发的相互影响	国家"973 计划"项目课题	黄邦钦	2011.01

续表

项目名称	项目类别	负责人	立项时间
多重压力下近海生态系统可持续产出与适应性管理的科学基础——微食物环与生物地球化学循环的耦合作用	国家“973 计划”项目课题	黄凌风	2011.01
中国近海典型赤潮甲藻细胞生长调控的分子机理	国家“973 计划”项目前期研究课题	王大志	2011.04
新型持久性有机污染物监测与风险评估体系研究示范	国家海洋局海洋公益性行业科研专项课题	王新红	2011.01
海洋工程和海上溢油生态补偿/赔偿关键技术研究示范	国家海洋局海洋公益性行业科研专项课题	彭本荣	2011.01
近海甲基汞、总汞、有机砷、无机砷、有机锡的监测技术	国家海洋局海洋公益性行业科研专项课题	袁东星	2011.01
金银纳米粒子增强室温磷光机理及其应用研究	国家自然科学基金面上项目	张　勇	2011.01
整体材料为基质混合型搅拌棒固相萃取新涂层的研制及其在抗生素残留监测中的应用研究	国家自然科学基金面上项目	黄晓佳	2011.01
地热水条件下砷在金属氧化物表面的吸附反应机理研究	国家自然科学基金面上项目	欧阳通	2011.01
应用 I－129 的海洋铁锰结壳年代学	国家自然科学基金面上项目	刘广山	2011.01
亚热带典型河流－河口系统氮的反硝化过程与调控	国家自然科学基金面上项目	陈能汪	2011.01
开放状态下红树林有机碳生态过程与植被恢复进程的耦合及其机制	国家自然科学基金面上项目	叶　勇	2011.01

续表

项目名称	项目类别	负责人	立项时间
基于生物多样性的自然保护区群网研究	国家自然科学基金面上项目	李振基	2011.01
滨海盐沼湿地和红树林湿地竞争中的沉积动力过程因素	国家自然科学基金青年基金	陈一宁	2011.01
周期性淹水环境红树根一土界面重金属耦合机理研究	国家自然科学基金青年基金	卢豪良	2011.01
基于微卫星 DNA 识别技术的黄嘴白鹭婚配行为的研究	国家自然科学基金青年基金	周晓平	2011.01
封闭海湾典型生境物理修复和生物修复的关键技术研究与集成示范	国家海洋局海洋公益性行业科研专项	黄凌风	2012.01
红树林湿地底栖动物多样性和环境效应机制研究	国家自然科学基金面上项目	蔡立哲	2012.01
农业溪流系统氧化亚氮产生、释放与系统的硝化、反硝化过程	国家自然科学基金面上项目	曹文志	2012.01
东海青绿藻的生态学研究	国家自然科学基金面上项目	黄邦钦	2012.01
海陆交界带的土地利用变化对典型植被碳吸存影响的宏微观尺度研究	国家自然科学基金面上项目	卢昌义	2012.01
海洋甲藻麻痹性贝毒合成途径及分子调控机理	国家自然科学基金面上项目	王大志	2012.01
紫外辐射和气溶胶有机组成对 PAHs 迁移能力的影响	国家自然科学基金面上项目	吴水平	2012.01

续表

项目名称	项目类别	负责人	立项时间
海水中铁的形态分析方法及其应用研究	国家自然科学基金面上项目	袁东星	2012.01
原位可视化研究典型 PAHs 在大气与红树叶片间界面过程及纳米粒子对其影响	国家自然科学基金面上项目	张　勇	2012.01
Si 对红树植物抗耐重金属的内源与环境调节机制的解析	国家自然科学基金面上项目	严重玲	2012.01
不同抗盐机理红树植物叶片富集和释放汞的机制研究	国家自然科学基金面上项目	丁振华	2012.01
全球变暖对海洋微型浮游动物摄食浮游植物的影响	国家自然科学基金青年基金	陈炳章	2012.01
闽江口地区土地利用格局对河流沉积物中重金属含量的影响	国家自然科学基金青年基金	孙芹芹	2012.01
高藻水源地供水卫生保障羟基自由基氧化技术研究与示范	国家科技支撑计划项目	白敏冬	2013.01
扬子大三角洲演化与陆海交互作用过程及效益研究	国家“973 计划”项目课题	严重玲	2013.01
南海珊瑚礁对多尺度热带海洋环境的响应、记录与适应对策研究	国家“973 计划”项目课题	曹文志	2013.01
典型滨海湿地修复效果评估与功能保育关键技术研究及示范	国家海洋局海洋公益性行业科研专项课题	杨盛昌	2013.01
基于群落特定物种的海洋生态监测与评价关键技术研究	国家海洋局海洋公益性行业科研专项课题	蔡立哲	2013.01
我国近岸重要生物毒素监测技术产品化及业务化应用示范	国家海洋局海洋公益性行业科研专项课题	王大志	2013.01

续表

项目名称	项目类别	负责人	立项时间
基于图像识别的外来种检测技术	国家海洋局海洋公益性行业科研专项课题	陈纪新	2013.01
有害藻华形成过程中关键甲藻类群宏转录组学和宏蛋白质组学研究	国家自然科学基金重点项目	王大志	2013.01
海洋环境生物学	国家自然科学基金优秀青年基金项目	史大林	2013.01
海岸带城市蔓延区社会一生态系统景观恢复力与管治研究	国家自然科学基金面上项目	李杨帆	2013.01
应用稳定同位素技术研究海水脱硫燃煤电厂所排放汞的归宿和影响	国家自然科学基金面上项目	袁东星	2013.01
全球变化对外来种无瓣海桑扩散和建群的驱动效应	国家自然科学基金面上项目	陈鹭真	2013.01
天然放射性单体烃碳同位素示踪海水中多环芳烃的来源和迁移转化过程	国家自然科学基金面上项目	王新红	2013.01
红树林生境异质性的时空尺度效应与鱼类多样性的维持机制	国家自然科学基金面上项目	王　瑁	2013.01
海平面上升背景下堤前红树林的退化机制与评估	国家自然科学基金面上项目	王文卿	2013.01
河口区非胎生红树植物潮间带分带机理	国家自然科学基金面上项目	叶　勇	2013.01
红树林和互花米草相互作用对环境变化的多尺度响应	国家自然科学基金面上项目	张宜辉	2013.01

续表

项目名称	项目类别	负责人	立项时间
海岛繁殖燕鸥科(Sternidae)鸟类对岛屿、巢区、巢位的选择	国家自然科学基金面上项目	林清贤	2013.01
HBCD不同异构体对中国近海代表性桡足类的毒理研究	国家自然科学基金青年基金	洪海征	2013.01
黄海冷水团水华生消过程的数值模拟研究	国家自然科学基金青年基金	林丽贞	2013.01
极端天气下台湾海峡动力环境演变与生态响应	国家自然科学基金促进海峡两岸科技合作联合基金项目	洪华生	2014.01
南海浮游生态系统结构及其对生物泵效率的调控机制	国家自然科学基金重点项目	黄邦钦	2014.01
功能化聚离子液体为吸附剂搅拌饼固相萃取新技术及其在超痕量污染物监测中的应用研究	国家自然科学基金面上项目	黄晓佳	2014.01
滨海湿地 AMF 多样性及其对红树耐受/适应逆境机理的影响	国家自然科学基金面上项目	严重玲	2014.01
福建滨海湿地固着缘毛类原生动物的分类学与分子系统学	国家自然科学基金面上项目	孙　萍	2014.01
亚热带暴雨事件的河海界面生物地球化学响应	国家自然科学基金面上项目	陈能汪	2014.01
基于大型底栖动物及其生物指数的海洋沉积环境评价技术研究	国家自然科学基金面上项目	蔡立哲	2014.01

续表

项目名称	项目类别	负责人	立项时间
围填海格局变动下半封闭海湾区域综合风险的机理、模型与防范	国家自然科学基金面上项目	方秦华	2014.01
外来红树植物拉贡木的生态风险及主要生态效益研究	国家自然科学基金面上项目	卢昌义	2014.01
铁限制条件下束毛藻对海洋酸化的响应及其机理	国家自然科学基金面上项目	史大林	2014.01
海洋浮游生态系统的稳态对温度的响应	国家自然科学基金面上项目	陈炳章	2014.01
海洋细菌食性微型异养鞭毛虫的氮再生作用研究	国家自然科学基金面上项目	黄凌风	2014.01
一氧化氮调控红树植物白骨壤盐腺泌盐的分子机制研究	国家自然科学基金青年基金	陈　娟	2014.01
海水中痕量溶解态活性磷和总磷的船载式分析研究	国家自然科学基金青年基金	马　剑	2014.01
浮游植物固碳及其对南海碳循环的调控机制	国家重大科学研究计划课题	黄邦钦	2015.01
我国近海常见底栖动物分类鉴定与信息提取及应用研究	国家海洋局海洋公益性行业科研专项	蔡立哲	2015.01
海洋环境蛋白质组学	国家自然科学基金国家杰出青年基金项目	王大志	2015.01
中国与苏格兰沿海有机锡污染与海洋腹足类的性畸变调查比较研究	国家自然科学基金国际(地区)合作与交流项目	王新红	2015.05

续表

项目名称	项目类别	负责人	立项时间
海洋保护区生态系统服务价值流评估:苏格兰和中国厦门案例研究	国家自然科学基金国际(地区)合作与交流项目	方秦华	2015.05
海洋环境中羟基化多溴联苯醚(HO—PBDEs)的来源研究	国家自然科学基金面上项目	林坤德	2015.01
改进生物配体模型预测河口水体中铜和锌的水生毒性	国家自然科学基金面上项目	谭巧国	2015.01
蟹类在互花米草入侵红树林过程中的生态作用和适应机制	国家自然科学基金面上项目	张宜辉	2015.01
亚热带中尺度近海流域河流氮输出对气候变化的响应	国家自然科学基金面上项目	黄金良	2015.01
海盐气溶胶对沿海城市大气颗粒物及组成粒径分布的调控机制研究	国家自然科学基金面上项目	吴水平	2015.01
流域营养盐削减最优方案及实施对策研究	国家自然科学基金面上项目	彭本荣	2015.01
红树植物地上根系对表层沉积物碳库的影响机制	国家自然科学基金面上项目	陈鹭真	2015.01
海洋酸化和金属汞对海洋桡足类的联合毒性效应及其机理	国家自然科学基金面上项目	王明华	2015.01
海岛易危黄嘴白鹭 MHC 基因多样性及其进化适应机制的研究	国家自然科学基金面上项目	陈小麟	2015.01
利用菌体—表面活性剂协同作用从液相中回收金过程的基础研究	国家自然科学基金青年基金	景孝廉	2015.01

续表

项目名称	项目类别	负责人	立项时间
北部湾近海工程疏浚磷释放对浮游植物群落结构的影响及其机理研究	国家自然科学基金地区科学基金项目	王秀秀	2015.01
特征化合物同位素分析应用于雌激素来源与归宿研究	国家自然科学基金海外及港澳学者合作基金	张祖麟	2015.01
闽三角城市群生态安全保障及海岸带生态修复技术	国家重点研发计划“典型脆弱生态修复与保护研究”重点专项	曹文志	2016.07
海洋生态系统储碳过程的多尺度调控及其对全球变化的响应	国家重点研发计划“全球变化及应对”重点专项	黄邦钦	2016.07
通过调控 RNA 加工因子表达促进作物再生技术研究	国家重点研发计划政府间国际科技创新合作重点专项	李庆顺	2016.12
近海生态系统碳汇形成过程与机理	国家重点研发计划“全球变化及应对”重点专项课题	严重玲	2016.07
海岸带关键脆弱区生态修复与服务功能提升技术集成	国家重点研发计划“典型脆弱生态修复与保护研究”重点专项课题	王文卿	2016.07
海洋酸化对固碳、储碳过程的影响及其机制	国家重点研发计划“全球变化及应对”重点专项课题	史大林	2016.07
海水 pCO_2 在线监测仪器的研制及产业化	国家重点研发计划“海洋安全环境保障”重点专项课题	李权龙	2016.09

续表

项目名称	项目类别	负责人	立项时间
海峡两岸典型河口红树林生态系统中生源要素与高危重金属耦合机制及驱动力研究	国家自然科学基金重点项目	严重玲	2016.01
母环及烷基取代多环芳烃在红树林湿地中的环境行为及界面过程机制	国家自然科学基金面上项目	张　勇	2016.01
磁增强管内固相微萃取/色谱在线联用新技术及其在 PPCPs 监测中的应用研究	国家自然科学基金面上项目	黄晓佳	2016.01
基于渗透泵的时间序列采样器的研制及其在河流污染物通量研究中的应用	国家自然科学基金面上项目	李权龙	2016.01
根际沉积驱动对红树植物根际重金属形态的分子转化机理及生物有效性研究	国家自然科学基金面上项目	卢豪良	2016.01
硫化氢调节红树植物生长发育的生理与分子机制	国家自然科学基金面上项目	郑海雷	2016.01
海水中碳酸根的原位测定方法研究	国家自然科学基金面上项目	马　剑	2016.01
磺胺二甲基嘧啶在海水青鳉鱼生活史中的生物富集、代谢转化与毒理效应研究	国家自然科学基金面上项目	王新红	2016.01
痕量金属镉在海洋浮游植物中的生物功能	国家自然科学基金面上项目	史大林	2016.01

续表

项目名称	项目类别	负责人	立项时间
耐盐生态浮床植物根际微生物多样性、生态功能及与植物互作机制研究	国家自然科学基金青年基金	骆苑蓉	2016.01
红树林等典型滨海湿地生态恢复和生态功能提升技术研究与示范	国家重点研发计划“典型脆弱生态修复与保护研究”重点专项	郑海雷	2017.07
海水总碱度在线监测仪器的研制及产业化	国家重点研发计划“海洋环境安全保障”重点专项	李权龙	2017.01
红树林湿地生态恢复与功能提升技术研发及示范	国家重点研发计划“典型脆弱生态修复与保护研究”重点专项课题	叶　勇	2017.07
典型致灾赤潮形成的分子机理及调控网络	国家重点研发计划“海洋环境安全保障”重点专项课题	王大志	2017.07
浙江、福建红树林生物资源调查	科技部—科技基础资源调查专项	丁振华	2017.02
蓝色经济发展评估方法	国家海洋局战略规划与经济司项目	彭本荣	2017.12
深紫外多维激光共聚焦显微荧光光谱系统研制	国家自然科学基金重大科研仪器研制项目	张　勇	2017.01
九龙江和昭批耶流域水灾害风险影响评估及其适应性流域管理对策	国家自然科学基金国际(地区)合作研究与交流项目	黄金良	2017.01
我国近海几种生境微型鞭毛虫多样性及群落结构的比较研究	国家自然科学基金面上项目	黄凌风	2017.01

续表

项目名称	项目类别	负责人	立项时间
海岛鸟类繁殖地忠诚度及其遗传效应研究	国家自然科学基金面上项目	方文珍	2017.01
亚热带河流一河口界面氨氮污染转运的主控过程	国家自然科学基金面上项目	陈能汪	2017.01
有机磷酸酯阻燃剂在海洋青鳉鱼中的毒理机制和代谢研究	国家自然科学基金面上项目	洪海征	2017.01
高强度围填海区域景观弹性测度与可持续转型途径研究	国家自然科学基金面上项目	李杨帆	2017.01
海洋青鳉鱼基因组结构及其对盐度适应的分子机理的研究	国家自然科学基金面上项目	沈英嘉	2017.01
海平面上升背景下海堤对红树林软体动物影响的时空过程及机制	国家自然科学基金面上项目	王　瑁	2017.01
弹性海岸:台湾海峡沙质海岸地貌动力与植被生态的响应关系	国家自然科学基金青年基金	刘保莉	2017.01
中国沿岸平均海平面的倾斜特征及动力机制	国家自然科学基金青年基金	林宏阳	2017.01
海洋甲藻碳同化机制及其在藻华形成过程中的作用	国家自然科学基金青年基金	张　浩	2017.01
不同红树植物群落内蟹类生物多样性研究	国家自然科学基金青年基金	高雪芹	2017.01
滨海湿地红树林光能利用率时间变异及其环境控制研究	国家自然科学基金青年基金	朱旭东	2017.01
探索植物长期跨代效应的适应性产生机制	国家自然科学基金青年基金	张原野	2017.01

续表

项目名称	项目类别	负责人	立项时间
东海典型海区生物资源与环境效应评价及生态修复	国家重点研发计划“海洋环境安全保障”重点专项	黄凌风	2018.08
微型生物颗粒的碳汇通量和环境效应	国家重点研发计划“海洋环境安全保障”重点专项课题	严重玲	2018.08
化学源剧高毒物质现场筛查关键技术及装置研究	国家重点研发计划“食品安全关键技术研发”专项课题	刘国坤	2018.12
东太平洋海山区生物多样性热点研究	国家海洋局大洋协会项目	黄邦钦	2018.01
基于亲氟作用纤维束固相微萃取新技术及其在全氟和多氟化合物监测中的应用研究	国家自然科学基金面上项目	黄晓佳	2018.01
互花米草入侵生境中红树植物更新动态与生长适应策略	国家自然科学基金面上项目	张宜辉	2018.01
基于能量学的外来红树植物速生机制与入侵性研究	国家自然科学基金面上项目	陈鹭真	2018.01
基于多来源数据重建固着目(纤毛门,寡膜纲,缘毛亚纲)内部系统发育关系	国家自然科学基金面上项目	孙　萍	2018.01
红树林沉积物硝酸盐的异化还原成铵等关键过程及其环境生态意义	国家自然科学基金面上项目	曹文志	2018.01
海平面上升对红树林生态系统有机碳过程和碳预算的影响	国家自然科学基金面上项目	叶　勇	2018.01

续表

项目名称	项目类别	负责人	立项时间
海水基底中含C—P键有机磷的测定方法研究	国家自然科学基金面上项目	马　剑	2018.01
南海北部浮游植物群落初级生产关键参数间的定量关系及其影响因素	国家自然科学基金面上项目	柳　欣	2018.01
南海浮游植物光适应参数的时空分布、调控因子及遥感反演	国家自然科学基金青年基金	谢聿原	2018.01
铜和锌富集在牡蛎逆境适应中的功能及作用机制	国家自然科学基金青年基金	史　博	2018.01
基于适应环等级的海岸带景观连接度评估及弹性廊道设计	国家自然科学基金青年基金	李　艺	2018.01
海水中溶解态痕量铁氧化还原形态原位分析仪的研发及应用	国家自然科学基金青年基金	黄勇明	2018.01
海洋硅藻生物钟的分子调控机理研究	国家自然科学基金青年基金	张树峰	2018.01
模拟城市季节性大气污染空间分布机制的方法及其验证——以厦漳泉城市群为例	国家自然科学基金青年基金	周韫韬	2018.01
中国—东盟海岸带可持续发展能力建设与交流平台构建	中国—东盟海上合作基金项目	薛雄志	2019.04
关键水质参数原位在线监测设备和超标报警系统	国家重点研发计划“蓝色粮仓科技创新”专项课题	林坤德	2019.11
基于厌氧膜集成的污水能源再生耦合病毒群削减新技术	国家重点研发计划政府间国际科技创新合作重点专项课题	张彦隆	2019.08

续表

项目名称	项目类别	负责人	立项时间
台湾海峡浮游植物群落演变及其对河口羽流—上升流耦合系统的响应	国家自然科学基金促进海峡两岸科技合作联合基金项目	黄邦钦	2019.01
海洋荒漠区生物固氮的时空格局、限制因子及对输出生产力的贡献	国家自然科学基金重大项目	史大林	2019.01
全球变化下的海洋初级生产力:海洋酸化对固氮束毛藻及其利用尘埃铁的影响	国家自然科学基金国际(地区)合作研究与交流项目	史大林	2019.01
饮用水及管网生物膜中抗生素抗性细菌/基因的持久性及去除工艺研究	国家自然科学基金国际(地区)合作研究与交流项目	于　鑫	2019.01
新型环境污染物卤代咔唑的自然生成机制	国家自然科学基金面上项目	林坤德	2019.01
球囊霉素在红树林湿地生态系统中的碳汇功能和示踪效应	国家自然科学基金面上项目	严重玲	2019.01
红树植物白骨壤碳同化途径对高盐环境的响应	国家自然科学基金面上项目	郑海雷	2019.01
基于电化学表面增强拉曼光谱技术的近海海洋环境中痕量抗生素的快速检测方法研究	国家自然科学基金面上项目	刘国坤	2019.01
海洋桡足类对微塑料和汞污染复合作用的生理响应及其分子机理	国家自然科学基金面上项目	王明华	2019.01
封闭性海湾海水养殖区微型鞭毛虫的多样性和群落结构研究	国家自然科学基金面上项目	黄凌风	2019.01

续表

项目名称	项目类别	负责人	立项时间
亚热带河海界面水体颗粒物粒径与黑碳对典型有机污染物迁移传输过程的影响机制研究	国家自然科学基金面上项目	王新红	2019.01
基于生态系统服务的半封闭海湾人类活动累积效应评价与调控	国家自然科学基金面上项目	方秦华	2019.01
基于厌氧氨氧化反应诱导的生物矿化及羟基磷灰石回收研究	国家自然科学基金青年基金	张彦隆	2019.01
基于单细胞转录组数据的APA位点建模与动态调控研究	国家自然科学基金青年基金	叶从庭	2019.01
水稻mRNA选择性多聚腺苷化在高温干旱胁迫中调控作用研究	国家自然科学基金青年基金	周　倩	2019.01
皱纹盘鲍耐低氧性状的全基因组关联分析	国家自然科学基金青年基金	陈　楠	2019.01
硫酸盐对亚热带河口沼泽湿地沉积物磷的赋存形态及内源释放的影响	国家自然科学基金青年基金	胡敏杰	2019.01
不同方式的退塘还林对红树林湿地水鸟多样性及栖息地利用的影响	国家自然科学基金青年基金	张雅棉	2019.01
重要深海生物毒素的生物合成和致伤机制研究	国家重点研发计划“深海关键技术与装备”专项课题	陈　猛	2020.01

续表

项目名称	项目类别	负责人	立项时间
河口羽流对塑料垃圾陆海传输的调控作用研究	国家自然科学基金国际(地区)合作研究与交流项目	王新红	2020.01
中国—智利水环境管理比较研究:聚焦气候变化下流域生态与社会经济的可持续性	国家自然科学基金国际(地区)合作研究与交流项目	陈能汪	2020.01
战略研究:国际海洋观测技术历史、动态与发展趋势	国家自然科学基金专项项目	马　剑	2020.01
磁场辅助管内固相微萃取/液相色谱—紫外/可见光检测在线联用体系的构建及其在重金属离子监测中的应用研究	国家自然科学基金面上项目	黄晓佳	2020.01
啮齿动物食植对互花米草入侵扩散和红树植物更新的生态效应及其作用机制	国家自然科学基金面上项目	张宜辉	2020.01
基于流域过程的淡水生态系统服务空间交互机制与水资源管理策略研究	国家自然科学基金面上项目	黄金良	2020.01
红树林—河口系统氨氮的转化与横向输出	国家自然科学基金面上项目	陈能汪	2020.01
海岸带土地—水—生物多样性的空间联结机理及海陆统筹研究	国家自然科学基金面上项目	李杨帆	2020.01
中国常见海洋贻贝与牡蛎镉累积能力种间差异机制研究	国家自然科学基金面上项目	谭巧国	2020.01

续表

项目名称	项目类别	负责人	立项时间
中国典型河口环境中病毒介导碳循环过程	国家自然科学基金青年基金	危　威	2020.01
红树林凋落物分解过程硫酸盐还原微生物驱动的重金属归趋	国家自然科学基金青年基金	洪华龙	2020.01
SAR11 细菌对海洋溶解有机磷中碳、磷利用的耦合机制研究	国家自然科学基金青年基金	谢彰先	2020.01

三、主要省部级及地方项目

项目名称	主管单位	负责人	立项时间
福建省重点流域水环境综合管理科技支撑	福建省环保厅	洪华生	2011.01
福建沿海无居民海岛的燕鸥科鸟类繁殖生态及栖息地选择研究	福建省科技厅	林清贤	2011.01
厦门海洋生态补偿及损害赔偿标准与实施方案研究	厦门市海洋与渔业局	彭本荣	2011.01
厦门海域权属管理制度研究	厦门市海洋与渔业局	彭本荣	2011.06
九龙江上游水环境中抗生素和抗性基因的复合污染特征及其对饮用水源的风险研究	福建省科技厅	陈　猛	2012.01
闽江水环境容量研究	福建省环保厅	曹文志	2012.03
福建省重点陆海界面污染物及通量动态监控系统研发	国家海洋局	洪华生	2012.07

续表

项目名称	主管单位	负责人	立项时间
汀江源河流综合整治与生态走廊建设规划	福建省长汀县人民政府	曹文志	2013.02
胸腺素 alpha 原在肿瘤诊断中的应用研究	福建省科技厅	周克夫	2013.03
红树植物群落异质性对软体动物多样性的影响	福建省科技厅	王　瑁	2013.03
北移引种对外来红树植物无瓣海桑固碳策略的调控机制	福建省科技厅	陈鹭真	2013.03
厦门及其毗邻海域海洋经济发展及海洋生态文明建设信息服务平台	厦门南方海洋研究中心	洪华生	2013.07
LAMP 技术应用于海洋重金属污染现场快速监测的研究	福建省科技厅	陈　荣	2014.01
红树林区外来种互花米草的有性繁殖及其扩散与入侵机制	福建省科技厅	张宜辉	2014.01
海水中碳酸根的自动分析方法与应用研究	福建省科技厅	马　剑	2014.01
城市战略规划环境影响评价方法研究	环保部环境影响评价司	石晓枫	2014.02
河流入海通量在线监控关键技术研发及示范	厦门南方海洋研究中心	黄邦钦	2014.12
海洋污染监测新型原位采样器的研制	厦门南方海洋研究中心	李权龙	2014.12
海洋持久性有机污染物新型采样器的研制及应用	福建省科技厅	李权龙	2015.04

续表

项目名称	主管单位	负责人	立项时间
纤维束固相微萃取新技术及其在超痕量环境雌激素污染物监测中的应用	福建省科技厅	黄晓佳	2015.04
典型有机紫外防晒剂对日本虎斑猛水蚤的繁殖发育毒性	福建省科技厅	洪海征	2015.04
水体重金属污染的鱼类分子生物标记物研究	福建省科技厅	沈英嘉	2015.04
新型多孔聚离子液体为吸附剂搅拌饼固相萃取技术及其在PPSPs污染物监测中的应用研究	广东省科技厅	黄晓佳	2015.01
北部湾典型封闭海湾富营养化水质的生物修复关键技术研究与示范	广西省科技厅	黄凌风	2015.01
厦门海岸带可持续发展国际培训中心	厦门市海洋与渔业局	彭本荣	2015.11
环境水体中有机污染物的便携式现场快速拉曼测试仪的研发与工程化	福建省科技厅	刘国坤	2016.04
垃圾焚烧飞灰无害化处理技术研发	福建省科技厅	罗津晶	2016.04
海岸带卫士红树林植物胎生机制研究及应用	福建省科技厅	李庆顺	2016.04
港口环境溢油指纹鉴定新技术研发与应用	福建省科技厅	王新红	2016.04

续表

项目名称	主管单位	负责人	立项时间
福建省典型区域大气抽样成因分析及前体物减排方案研究	福建省环保厅	吴水平	2016.06
厦门及其毗邻海域海洋经济发展及海洋生态文明建设信息服务平台二期	厦门南方海洋研究中心	洪华生	2016.07
厦门海岸带可持续发展国际培训中心	厦门市海洋与渔业局	彭本荣	2016.06
福建省综合性生态保护补偿试点方案研究	福建省财政厅	曹文志	2017.02
农产品安全全程追溯体系的技术集成和应用示范	福建省科技厅	陈　猛	2017.04
利用中央支持福建新能源汽车及配套动力电池产业补贴政策叠加效应研究	福建省科技厅	彭荔红	2017.04
九龙江河流一河口界面无机磷和铵氮转化及其与颗粒物的关系	福建省科技厅	陈能汪	2017.04
海马齿根系内共生菌 E1 的功能及特性分析	福建省科技厅	骆苑蓉	2017.04
酸化影响金属汞对海洋桡足类的毒性效应及其机理	福建省科技厅	王明华	2017.04
河口沉积物中纤毛虫对污染物的响应研究	福建省科技厅	孙　萍	2017.04
海盐气溶胶的粒径分布及对大气氮干沉降的影响	福建省科技厅	吴水平	2017.04

续表

项目名称	主管单位	负责人	立项时间
福建省围填海活动对滨海湿地生态系统服务功能影响机制研究	福建省科技厅	李杨帆	2017.04
基于光能利用率模型的红树林总初级生产力模拟	福建省科技厅	朱旭东	2017.04
福建省自然保护区发展现状、问题及对策研究	福建省科技厅	李振基	2017.10
城市黑臭水体流域污染溯源分析	广西省科技厅	曹文志	2017.09
蓝色经济发展评估方法	国家海洋局	彭本荣	2017.12
燃煤烟气协同净化技术研发	厦门市科技局	罗津晶	2017.03
福建省火电行业细颗粒物排放特征及污染控制策略研究	福建省科技厅	王新红	2018.04
福州市高分辨率天然源挥发性有机物(VOCs)排放清单研究	福建省科技厅	吴水平	2018.05
闽江中下游区农业源污染物入水体系数及负荷核算	环保部	曹文志	2018.09
构建大气污染联防联控机制	厦门市翔安区环保局	吴水平	2018.11
重大活动食品安全保障快速检测技术研发及工程化	厦门市科技局	刘国坤	2018.03
基于淡水生态系统服务流的九龙江流域水资源综合管理研究	福建省科技厅	黄金良	2019.04
深海假交替单胞菌 D149－7 适应低温环境的能量代谢机制	福建省科技厅	段静静	2019.04

续表

项目名称	主管单位	负责人	立项时间
西北诸河区和田河农业源污染物入水体系数及负荷核算	环保部	曹文志	2019.05
2019年“厦门海岸带可持续发展国际培训中心”共建	厦门市海洋发展局	薛雄志	2019.03
厦门国际海洋周和PNLG发展研究报告	厦门市海洋发展局	方秦华	2019.04
福建海洋智库建设	福建省海洋厅	薛雄志	2020.03

附录　学院大事记

2011 年

3 月 28 日，环境与生态学院成立。

8 月 2 日，学校公布环境与生态学院党政领导班子成员，沈小平任学院党委书记，周克夫任学院党委副书记，黄邦钦（主持工作）、王大志、郑海雷任学院副院长。10 月 26 日，校党委召开环境与生态学院领导班子宣布大会。

8 月，学校批复学院大楼建设方案，总建筑面积为 2 万平方米。

8 月，获批教育部生态学一级学科博士点。

9 月 12 日和 14 日，学院分别在漳州校区、思明校区曾呈奎楼举行建院以来的第一届新生——2011 级本科生、2011 级研究生开学典礼。

11 月 17 日，学院与美国圣地亚哥州立大学（SDSU）签署双方本科生暑期班交流合作协议。

11 月 30 日，“福建省海洋环境科学联合重点实验室”获得省科技厅批复，正式更名为“福建省海陆界面生态环境重点实验室”。

11 月 30 日，教育部科技司组织专家对滨海湿地生态系统教育部重点实验室的建设进行验收。专家组认为实验室完成了各项建设任务，达到了规定指标要求，一致同意通过验收。

2012 年

3 月 15 日，“长江学者”特聘教授、国家杰出青年科学基金获得者白敏冬加盟学院。

5 月 23 日，学院第一届研究生代表大会召开。

5 月，学校人事处批复加盟学院的第一批教师名单。

5 月，学院和教务处主办厦门大学首届环保知识竞赛。

6 月 7 日，学院召开工会成立大会暨工会委员选举大会、学院工会第一届委员会第一次会议，确定了第一届工会委员会人员及分工。

6 月 19 日，学院工会召开第一届委员会第二次会议，确定学院妇女委员会委员推荐名单。

6 月 15 日，厦门大学党委书记杨振斌对学院工作简报作出批示："该简报比较全面、规范、详细，若长期坚持，必对信息沟通大有裨益，并会成为珍贵的院史资料"。

6 月 22 日，厦门大学校长朱崇实阅过《环生院搬迁准备工作进展顺利》的新闻报道后批示："请翔安校区搬迁工作领导小组办公室认真搜集各学院在搬迁中的好经验、好做法，并组织相互交流、相互学习。环生院的工作抓得很到位，组织中标的家具供应商到实地测量并与各实验室的教师实地讨论，确定设计细节。望各院都能这样开展工作"。

7 月 30 日，学院第一届教职工代表大会第一次会议召开。会议讨论通过《环境与生态学院教师岗位职责与任职条件细则》《环境与生态学院研究生导师配套经费管理办法》《环境与生态学院研究生奖学金评定实施办法》《环境与生态学院翔安校区大楼功能分区及管理办法》。

8 月，生态学博士后科研流动站获批。

8 月 15 日，学院大楼竣工。

8 月 21 日，学校批准学院下设环境科学与工程系、生态科学与工程系、(保留)环境科学研究中心。

8 月 22 日，学校发文任命许美霞为学院党委副书记。

9 月 5 日，学院党政管理人员、实验教学中心教辅人员搬迁至学院大楼，正式在翔安校区办公。

9 月 13 日，学院完成科研实验室搬迁。

9 月 13 日，全院本、硕、博学生顺利搬迁至翔安校区。

10 月 29 日，学校发文聘任李庆顺为学院院长。

11 月 2 日，学院召开学科与平台建设规划论证会，与会专家学者一致通过学科建设方案。

11 月 4 日，洪华生获第二届"曾呈奎海洋科技奖"突出成就奖。

11 月，学院启动"书(记)院(长)有约"活动。

12 月 22 日，厦门大学环境学科创建 30 周年、生态学科创建 90 周年庆祝大会在思明校区科学艺术中心隆重举行。

2012 年，海洋事务专业顺利通过教育部学科认证，成为依托海洋科学、环境科学与工程、法学、应用经济学和公共事务管理五个一级学科的自主设置交叉二级学科，同时具有博、硕士招生资格。

2012 年，根据教育部第三轮学科评估结果，我校生态学科并列全国第 10。

2012 年，根据" Web of Science "最新 ESI(Essential Science Indicator)统计，厦门大学环境与生态学科进入该学科领域全球研究机构国际上排名前 1%。

2013 年

1 月，学校 2013 年第 2 次校长办公会论证通过学院 1886 万元的"985 工程"经费申请，用于资助学院的学科和平台建设，并将环境与生态学科列入学校重点建设学科。

3 月 8 日，学院工会荣获 2012 年度"厦门市科文卫体先进集体"，是学校唯一获此殊荣的基层工会。

3 月，福建省海陆界面生态环境重点实验室开设"环境与生态香山论坛"。3 月 25 日，黄邦钦、张彩云共同召集了以"台湾海峡生态系统与生物地球化学"为主题的首届"环境与生态香山论坛"。

5 月 17 日，学院与清华大学环境学院共同承办"持久性有机污染物论坛(2013)暨第八届持久性有机污染物全国学术研讨会"。会议主题为"防治 POPs 污染，保护蓝色家园"。来自国内相关科研院所、管理部门和行业企业的代表以及国内外高校的专家学者 400 余人出席了会议。洪华生荣膺本年度"消除持久性有机污染物杰出贡献奖"。

7 月 6—7 日，厦门大学环境与生态学科第一届研讨会在龙岩连城县召开。学院教职工、来访专家学者近 80 人参加了会议。

7 月 18 日，由学院主办的厦门大学第一届"环境、生态与未来地球"大学生夏令营开营，来自国内 17 所高校的 30 名优秀大学生参加了本次夏令营。

7 月 26 日，美国路易斯安那州立大学 Edward Laws 教授应邀访问学院，为学院师生带来厦门大学南强学术讲座(第 566 讲)，题为"The Earth's Changing Climate: Natural Cycles and Human Effects"。

8月23日，福建省海洋与渔业厅、厦门大学共同签定《共建“海洋事务东南基地”的战略合作协议》，双方依托厦门大学海洋与海岸带发展研究院共建“海洋事务东南基地”。

9月18日，学院召开第一届教授委员会选举大会，选举产生了教授委员会成员11名，分别为(按姓氏笔画排序)：弓振斌、王文卿、王新红、史大林、白敏冬、严重玲、陈小麟、袁东星、曹文志、黄凌风、薛雄志。袁东星任第一届教授委员会主任。

9月28日，学院举办第一次教职工E·E沙龙。

10月28日，学院首期“三尺讲坛”顺利开讲。

10月29日，学院召开教学督导组成立暨聘任大会，卢昌义任第一届教学督导组组长。

11月19日，学院“福建省滨海湿地保护与生态恢复工程技术研究中心”顺利通过福建省科技厅验收。

12月，学院与中国科学院城市环境研究所签署《联合培养博士学位研究生协议书》。

12月，学校成立“水环境健康与安全协同创新中心”。

2014年

2月20日，厦门大学校党委副书记林东伟，厦门市委宣传部副部长、厦门日报社党委书记、社长、总编辑李泉佃等一行到访学院，了解学院教学科研情况和宣传工作情况。

3月9日，中国共产党厦门大学环境与生态学院第一次党员大会召开，学院全体师生党员、非党员院系领导和民主党派代表共计240余人参加了大会。大会选举产生学院第一届党委委员(按姓氏笔画排序)：王新红、许美霞、杨盛昌、沈小平、周克夫、曹文志、黄凌风。

3月9日，中国共产党厦门大学环境与生态学院新一届委员会第一次全体会议召开。会议选举产生中国共产党厦门大学环境与生态学院委员会书记沈小平，中国共产党厦门大学环境与生态学院委员会副书记周克夫、许美霞。

3月9日，学院召开党的群众路线教育实践活动总结大会。

3月12日，学院召开第一届教职工代表大会第二次会议。会议审议通过

《环境与生态学院专业技术职务聘任工作细则》。

3月26日，学校党委组织部发文任命曹文志为环境与生态学院副院长。

3月26日，福建省海陆界面生态环境重点实验室第二届学术委员会第二次会议顺利召开。

4月初，王大志入选科技部“中青年科技创新领军人才”。

4月11日，滨海湿地生态系统教育部重点实验室第二届学术委员会第二次会议顺利召开。

4月16日，巴彦淖尔市委常委、副市长、厦门大学副校长金能明率考察团到学校，就市校合作事宜进行洽谈考察。当日下午，考察团一行参观翔安校区建设情况，并与学院和中国科学院城市环境研究所领导、教师代表展开座谈。

4月24日，学院与中国科学院城市环境研究所签订《共建“城市环境与健康菁英班”协议书》。

4月24日，福建省海陆界面生态环境重点实验室顺利通过福建省科技厅组织的专家评估，评估结果为良。

5月下旬，学院正式启动本科生2014年暑期台湾短期交流项目选拔工作，最终遴选出赴云林科技大学的学生8名、赴宜兰大学的学生5名。

6月10日，学院与国家海洋局海洋咨询中心签订合作协议。

8月，王大志获国家杰出青年科学基金资助。

11月4日，学院第一届“菁英班”成立。

11月6日，学院召开第一届教职工代表大会第三次会议。会议审议通过《环境与生态学院教师年度考核方案》《环境与生态学院用房管理条例》。

11月14日，学院首届师生水上运动会在翔安校区游泳馆成功举行，40余名教职工和研究生参加了比赛。

11月27日，学院与宁德市质监局产品质量检验所合作实验室在宁德举行揭牌仪式，并签订了产学研合作协议。

12月19—21日，滨海湿地生态系统教育部重点实验室(WEL)与福建省海陆界面环境生态重点实验室(CEES)2014年联合学术年会在长泰召开。

12月20—21日，厦门大学环境与生态学科第二届研讨会在长泰召开，学院全体党政领导、学院教工以及特邀嘉宾共计80余人参加了研讨会。

12月23日，教育部正式批复支持“漳江口湿地生态系统野外科研与教学基地建设”。

12月24日,厦门大学校长朱崇实深入学院调研。校长助理李初环、滕伯刚及学校相关职能部门负责人、学院党政领导班子成员、系主任约30余人参加了调研会。

2015年

1月4日,“首届高校环境生态学人才培养与专业建设研讨会暨生态学学科发展趋势研讨会”在学院召开。教育部高校环境类教学指导委员会领导、中国生态学学会教育工作委员会领导、国务院学位办生态学科评议组成员,以及来自国内20余所高校相关学院的院长、专家、教授等60余人参加了会议。

1月23日,“水环境健康与安全协同创新中心第三届研讨会暨协同单位签约仪式”在学院举行。

3月12日,“水环境健康与安全协同创新中心”获得校级“2011协同创新中心”的认定,并获得学校向福建省推荐认定省级“2011中心”的资格。

3月21日,学院敦聘王浩院士为厦门大学双聘教授。

3月30日,学院第一期“班主任下午茶”在学院咖啡厅举行,13位班主任参加。

4月20日,学院与企业合作共建的“厦门大学环境与生态学院——厦门元初食品有限公司食品安全研究发展中心”揭牌。

5月28日,海南省政协副主席、科技厅厅长史贻云率海南省科技厅及海洋与渔业科学院一行来校访问,调研海洋科技创新平台建设情况,并和学院领导及教师代表进行座谈。

6月11日,学校召开厦门大学海洋与海岸带发展研究院干部任命大会。任命李庆顺为海发院院长,薛雄志、彭本荣、郭其友、朱晓勤为海发院副院长。

6月25—27日,学院召开“厦门大学环境与生态学科建设暨环境生态工程专业建设国际咨询委员会第一届会议”。国际咨询委员会全体成员、厦门大学地球科学与技术学部领导、学院领导以及教师代表共计40余人参加了会议。

9月16日,厦门大学校党委书记张彦到学院调研,学校相关部门负责人、学院党政领导班子成员、师生代表约20余人参加了座谈会。

9月17日,史大林入选厦门大学2015年“我最喜爱的十位老师”。

9 月 24 日，美国马里兰大学农学与自然资源学院和学院签订《美国马里兰大学与厦门大学关于联合培养学生的合作协议》。

10 月 16 日，学院举行与漳州市长泰县马洋溪生态旅游区管委会共建“教学实习基地”签约暨授牌仪式。

10 月 19 日，学院召开教职工大会暨第二届教授委员会选举会议。经过无记名投票表决，选举产生了 11 名委员，分别为(按姓氏笔画排序)：丁振华、弓振斌、王文卿、王新红、史大林、白敏冬、严重玲、陈小麟、陈能汪、黄凌风、蔡立哲。陈小麟任主任。

10 月 27 日，学院“生态学实验教学中心”被确定纳入“2015 年省级实验教学示范中心建设项目”。

10 月 29 日，中国科学院东北地理与农业生态研究所来访，举行合作签约仪式和交流座谈会。

11 月 7 日，由厦门大学和福建省海洋与渔业厅共同主办、海洋与海岸带发展研究院、海洋事务东南基地共同承办的“第一届国际海洋事务研讨会”在学院举行。

11 月 12—15 日，世界自然与保护联盟红树林特别专家组(IUCN－MSG)第三届年会在学校顺利召开。本次国际会议由 IUCN－MSG、厦门大学和国际绿色发展创新组织(IICED)联合举办，厦门大学环境与生态学院和滨海湿地生态系统教育部重点实验室承办。来自欧美、亚洲的 16 个国家和地区的 60 余名红树林研究领域的知名专家参加了会议。

11 月 16 日，学校关心下一代工作委员会主任陈力文带领宁夏大学关心下一代工作委员会领导来学院学习交流。

11 月 28—30 日，中国海洋湖沼学会藻类学分会第九届会员大会暨第十八次讨论会在厦门召开，约 700 名从事藻类学领域研究的专家学者及研究生参加了会议。会上，黄邦钦教授当选中国海洋湖沼学会藻类学分会副理事长。

12 月初，近海海洋环境科学国家重点实验室获评“优秀国家重点实验室”。

2016 年

2 月 28 日，由学院承办的“中日食文化暨食品安全研讨会”在厦门大学科学艺术中心举行。来自中日双方政府、专家学者、企业界人士约 150 名嘉宾参加了研讨会。

2月，学院3篇研究生论文荣获2015年福建省优秀学位论文，其中博士论文1篇，硕士论文2篇。

2月，《福建省教育厅关于反馈省级重点学科考核验收结果的通知》发布，学院环境科学与工程和生态学两个省级重点学科顺利通过考核验收，并均获得“优秀”。

3月10日，学院第一届教职工代表大会第四次会议顺利召开。会议听取了《2015年度学院工作报告》《2015年度学院科研工作报告》《2015年度学院本科生工作报告》《2015年度学院研究生工作报告》《2015年度财务报告》《2015年度学院学工组工作报告》。

3月，滨海湿地生态系统教育部重点实验室顺利通过教育部评估，评估结果为良。

4月5日，吉林大学党委书记杨振斌一行7人来学院参观访问。

4月22日，学院和曾厝垵经营者联合党支部、曾厝垵文创会共建的“大学生党组织建设特色基地”和“厦门大学环境与生态学院大学生志愿服务基地”签约揭牌仪式暨环保宣传和文明旅游志愿活动，在曾厝垵文创村文青学堂举行。

5月4日晚，在厦门大学纪念“五四运动”97周年暨共青团年度表彰大会上，学院获得“2015年度厦门大学五四红旗团委”等多项表彰。

5月6日，第5期“研究生香山论坛”暨“第一届环境管理和海洋事务方向研究生论坛”在学院举行。

5月7日，学院举行2002级环境科学专业13名校友返校座谈会。

5月19日，方秦华课题组基于多年研究成果，对中国生态补偿政策提出的建议与评论发表于 *Nature* 杂志 Correspondence 栏目。

5月，学院新增专业——环境生态工程首次招收本科生。

6月5日，厦门大学与南普陀寺及厦门市环保局联合举办“美丽厦门 共同缔造”生态文明建设合作共建启动仪式。学院作为学校参与本次共建的主要力量，今后将在环保宣传、教学实践、社区服务与帮扶，环保慈善等活动中积极行动，为实现良好生态环境永续发展和美丽厦门的建设贡献力量。

6月，曹文志主持的国家重点研发计划“典型脆弱生态修复与保护研究”重点专项项目“闽三角城市群生态安全保障及海岸带生态修复技术”获批立项。

6月，黄邦钦主持的国家重点研发计划“全球变化及应对”重点专项项目“海洋生态系统储碳过程的多尺度调控及其对全球变化的响应”获批立项。

6月，王大志入选第二批国家高层次人才特殊支持计划——科技创新领军人才。

7月1日，学院与台湾大学生态工程研究中心签订学术交流合作备忘录。

7月3—5日，在学院建院5周年之际，学院召开了“海峡两岸环境与生态论坛”暨学院第四届学科研讨会、环境与生态学科国际咨询委员会第二届会议。

7月，学院关心下一代工作委员会获“厦门大学关工委先进集体”称号，卢昌义被评为“厦门大学关工委先进个人”。

8月，学院正式启用新院徽(图形如下)。新院徽的释义为：院徽中心以环境和生态两个英文单词“Environment”和“Ecology”的首字母“E”相对扣共同组成，紧紧相连，象征着学院以环境科学与工程、生态学学科建设为基础，相互交叉，相互融合，携手前行，展望美好发展前景。院徽外形轮廓似水滴造型、整体似绿叶造型，寓意两个学科；院徽核心图腾留白处为厦门市市树凤凰木叶子的造型，体现了地域特色。

10月9日，厦门大学翔安校区仪器分析实验教学中心(以下简称仪分中心)成立大会召开。仪分中心为校级中心，挂靠环境与生态学院。弓振斌被任命为仪分中心主任。

10月17日，美国路易斯安那州立大学海岸与环境学院来访，与学院教师代表座谈并签署合作备忘录。

10月，方秦华在*Science*杂志Letters栏目撰文，对我国沿海地区在城市化和气候变化双重背景下的自然灾害风险防范问题提出科学建议。

12月8—9日、15—16日，生态学、环境科学与工程两个一级学科博士学位授权点顺利通过专家组的现场评估。

12 月 19 日，学院召开行政领导班子换届选任暨全体教职工大会。会上，学院第一届领导班子成员分别述职，校党委干部考察组组织全院教职工对本届行政领导班子进行民主测评，同时推荐下一届行政领导班子人选。

12 月 27 日，学院与厦门市翔安区人民政府签订战略合作协议。

2017 年

1 月 3 日，学院召开第一届教职工代表大会第五次会议暨环境与生态学院工会委员会换届选举大会。会议听取了《环境与生态学院 2016 年度工作报告》《环境与生态学院 2016 年度财务报告》。同时，大会差额选举产生学院新一届工会成员。工会主席为杨盛昌，工会副主席为黄金良，工会委员为：刘国坤、甘霖莉、周晓平、闫俊美、彭景吓、王秀秀，工会小组长为：朱旭东、彭本荣、曾鹏。

1 月 9 日，在 2016 年度国家科学技术奖励大会上，白敏冬课题组的“基于羟基自由基高级氧化快速杀灭海洋有害生物的新技术及应用”项目，荣获国家技术发明二等奖（厦门大学为第二获奖单位）。

4 月中旬，由卢昌义团队承担的“厦门市翔安区下潭尾滨海湿地公园建设项目——红树林景观建设”工作取得成效。项目通过在下潭尾湿地公园中种植红树林，使红树林“长”出五角星等图案，表现出“我爱中国”这一特殊意义，把海洋生态文明和爱国情怀融入红树林建设中去，得到中央新闻媒体的多次报道。

4 月 27 日，史大林团队在 *Science* 杂志发表研究论文“The complex effects of ocean acidification on the prominent N2－fixing cyanobacterium Trichodesmium”。

6 月 5 日，学院与龙岩市永定区福建土楼龙湖旅游发展有限公司签订战略合作协议，并举行共建“实践教育基地”挂牌仪式。

6 月 8 日，学院与厦门海澳集团有限公司签订战略合作协议，随后举行了学院大楼命名揭牌仪式，学院大楼正式命名为“金泉楼”，以海澳集团总裁郑金泉先生的名字命名。

6 月 12 日，包头市市委常委、副市长叶卫兵一行来访学院并举行座谈会。

7 月 12 日，学院与厦门海澳集团有限公司共建的“实践教育基地”揭牌仪式在厦门海澳石化仓储有限公司举行。

7 月 12 日，学院与南平市浦城县人民政府签订战略合作协议。

8月，福建省海陆界面生态环境重点实验室顺利通过福建省科技厅的评估，评估结果为优。

9月12—14日，由厦门大学牵头，郑海雷主持的国家重点研发计划“典型脆弱生态修复与保护研究”重点专项之“红树林等典型滨海湿地生态恢复和生态功能提升技术研究与示范”项目启动会暨课题实施方案论证会召开。

9月18—20日，学院分别与福建省三明市建宁县、沙县人民政府签订战略合作协议，与南平市浦城县人民政府签订生态文明建设及生态环境顶层设计规划等项目战略合作协议，全面推进学院与福建相关地市建立战略合作伙伴关系。

9月21日，教育部、科技部、国家发改委联合发布了世界一流大学一流学科(简称“双一流”)建设高校及建设学科名单，厦门大学入选36所A类一流大学建设高校，生态学科入选“双一流”建设学科名单。

10月23日，宁夏大学资源环境学院党委书记赤学礼一行8人来访，并举行合作签约仪式和交流座谈会。

11月8日，厦门大学校长张荣一行到学院调研指导工作，学校相关部门负责人、学院党政领导班子成员、系(中心)主任、教师代表共计20余人参加了调研座谈会。

11月30日，厦门大学党委书记张彦深入学院检查工作。

12月8日，学院召开干部任免宣布大会：聘任李庆顺为厦门大学环境与生态学院院长，曹文志任厦门大学环境与生态学院副院长，王新红、史大林、王文卿任厦门大学环境与生态学院副院长(试用期一年)，免去黄邦钦、王大志、郑海雷的厦门大学环境与生态学院副院长职务。

12月28日，白敏冬入选第三批国家高层次人才特殊支持计划——科技创新领军人才。

2018年

1月10日，学院驻福建省河长制办公室博士工作站在福建省水利厅举行挂牌仪式；1月13日，在厦门大学与福建省九市一区校地战略合作2018年工作会议上，学院与福建省河长制办公室签订了合作协议。

1月26日，中国生态学学会的20位国内生态学高层次专家学者齐聚学院召开研讨会，针对学院环境科学与工程学科、生态学学科存在的问题、今后的建设与发展思路进行深入研讨。

3月23日，学院召开第二届教职工代表大会第一次会议，会议听取了院长、各分管院长2017年度工作报告及2018年工作计划报告，并审议通过《环境与生态学院教师绩效考核实施细则》《环境与生态学院工程、实验专业技术人员绩效考核实施细则》《环境与生态学院本科教学工作量考核指标》。同时召开第三届教授委员会选举大会。会议选举产生了11名委员，分别为（按姓氏笔画排序）：丁振华、王大志、叶勇、白敏冬、沈英嘉、陈能汪、欧阳通、黄邦钦、黄金良、黄晓佳、黄凌风，黄邦钦任主任。

3月27日，学院与广东内伶仃福田国家级自然保护区管理局签署了合作框架协议，合作共建科研实习基地。

5月28日，中国共产党厦门大学环境与生态学院第二次党员大会召开，学院全体师生党员、非党员院系领导和民主党派代表共计270余人参加了大会。大会选举产生学院第二届党委委员（按姓氏笔画排序）：王新红、毛通双、杨盛昌、沈小平、周克夫、黄凌风、曹文志。

5月28日，中国共产党厦门大学环境与生态学院第二届委员会第一次全体会议召开。会议选举产生中国共产党厦门大学环境与生态学院委员会书记沈小平，中国共产党厦门大学环境与生态学院委员会副书记周克夫、毛通双。

6月1日，学校成立"厦门大学生态文明研究院"，依托环境与生态学院建设管理。

8月16—18日，"第二届高校环境生态工程专业建设研讨会"在河北召开，会上成立了"全国高校环境生态工程专业建设协调指导工作组"，黄凌风当选组长，欧阳通当选工作组成员。

10月18日，在第二十三届澳门国际贸易投资展览会重点活动之一的"莫桑比克—福建省—澳门贸易投资论坛"上，厦门大学生态文明研究院作为合作方之一，与亚非国际知识信息经济交流中心、中葡拉美国际商会、德化县医院签署了中非生态文明与数字医疗合作备忘录。

11月，欧阳通入选厦门大学2018年"我最喜爱的十位老师"。

12月，"厦门大学漳江口红树林湿地生态系统定位研究站"获批福建省野外科学观测研究站。

2019 年

3 月 1 日，福建省漳州水文水资源勘测分局李勇辉局长一行访问学院。双方签署了关于水文水生态领域战略合作框架协议。

3 月初，史大林入选第四批国家高层次人才特殊支持计划——科技创新领军人才。

3 月 20 日，学院召开干部任免宣布大会：陈光兼任环境与生态学院党委委员、书记；免去沈小平的环境与生态学院党委书记、委员职务；免去周克夫的环境与生态学院党委副书记职务。

3 月，厦门大学教务处、学生处分别公布了第三届“厦门大学创新创业年会”的获奖名单。黄晓佳获评 2018 年度“本科生科创竞赛优秀指导教师暨德贞社会课堂基金优秀指导老师”；学院有 8 项大创项目入选“第 3 届创新创业年会优秀大学生创新创业训练计划”。

4 月 3 日，史大林团队和海洋与地球学院罗亚威团队合作的“海洋酸化对优势固氮蓝藻束毛藻影响的研究”成果，以“Reduced Nitrogenase Efficiency Dominates Response of the Globally Important Nitrogen Fixer Trichodesmium to Ocean Acidification”为题发表在 *Nature Communications* 杂志上。

4 月 19 日，学院召开第二届教职工代表大会第二次会议，会议听取了《学院 2018 年度工作报告及 2019 年工作计划》《学院 2018 年度财务报告及 2019 年财务预算》《学院公房管理现状与收费情况》，并就学院本科教学存在的问题及教学一票否决制进行解读、对第五轮学科评估工作进行动员。

5 月 9 日，学院召开环境生态工程专业学士学位授权资格评审会。经评审，专家组一致认为厦门大学环境生态工程专业首届学生培养目标达成度高，符合学士学位授权的标准。

5 月 29 日，厦门大学党委副书记、副校长李建发来学院与学院师生进行深入交流，并讲授了题为“夯实基层党建基础，强化党员教育管理”的党课。

6 月 11 日，由白敏冬牵头申报的“福建省海岸带污染防控重点实验室”获福建省科技厅批准建设。

6 月 26 日，学院召开干部任命宣布大会：李静任环境与生态学院党委委员、副书记。

7 月 2 日，厦门大学党委书记张彦率队前往漳州市云霄县，视察漳江口湿地生态系统野外科研基地和漳江口红树林湿地生态系统福建省野外科学观测研究站。

7月，学校公布首批研究生优秀示范建设课程名单。陈荣负责的研究生课程《环境科学理论与方法》入选，获评特别优秀课程，并获得10万元的课程建设经费。

9月10日，谭巧国在厦门大学附属第一医院捐献造血干细胞，成为厦门市第82例造血干细胞捐献者，也是厦门市首位捐献造血干细胞的教师。

9月18日，学院召开"不忘初心、牢记使命"主题教育动员部署会。

在中华人民共和国成立70周年之际，洪华生、白敏冬获颁"庆祝中华人民共和国成立70周年"纪念章。9月27日，厦门大学党委书记张彦，党委副书记、纪委书记全海分别把纪念章送到两位老师手中。

9月，获批"台湾海峡海洋生态系统教育部野外科学研究观测站"(由"漳江口红树林湿地生态系统福建省野外科学观测研究站"和"东山海洋福建省野外科学观测研究站"联合组建，以下简称台海站)，实现了厦门大学部级野外站零的突破。9月11日，台海站第一届学术委员会第一次会议在东山实验场顺利召开。

9月，谭巧国入选厦门大学2019年"我最喜爱的十位老师"。

10月16日，厦门大学党委书记张彦深入学院，就"新时代如何进一步加强和改进研究生党建工作"这一主题，与学院党委和研究生党员代表座谈。

10月16日，厦门大学党委副书记、纪委书记全海一行到学院走访调研，并与学院部分骨干教师、院领导等座谈。

11月13日，"不忘初心、牢记使命"主题教育中央第三指导组组长诸葛彩华、成员宋翔莅临学院调研指导主题教育工作，肯定学院主题教育做法："七字"文章写得好，"七字"做法成效好。

11月29日，翔安校区管理委员会和学院举行共建"翔安校区生态环境实践教学基地"签约仪式。

12月2日，福建省海岸带污染防控重点实验室第一届学术委员会会议在厦门召开。厦门大学副校长江云宝在会上致辞并为实验室学术委员会成员颁发聘书，实验室第一届学术委员会主任潘德炉院士与江云宝共同为实验室揭牌。

12月，"滨海湿地生态系统与全球变化学科创新引智基地"获教育部、科技部批准为"2020年度新建高等学校学科创新引智基地"，李庆顺为项目负责人。

12月26日，环境与生态学院、厦门大学生态文明研究院与中建四局建设发展有限公司签订三方战略合作协议，共建厦门大学环境与生态学院——中建四局联合工程技术中心。

12月27日，学院为建院以来退休的十位教职工举行隆重的荣休仪式，仪式突出致敬、感恩、传承等关键词，老一代环生人的艰苦奋斗、敬业奉献、以德施教、爱生如子的精神和风范，深深感染了在场的师生和校友，使得当天的仪式成为一堂生动的师德教育课。

2020年

1月4日，厦门大学厦门校友会环境与生态学院分会（以下简称分会）举行成立大会。大会审议通过了分会章程，选举2001级本科生院友游明华任会长、2009级本科生院友陆成凯任秘书长。洪华生、袁东星、卢昌义、张珞平、陈小麟5位老师任分会名誉会长。此外，大会还举行了分会授牌、"院友之家"揭牌仪式。

1月7日，学院召开干部任命大会：史大林任环境与生态学院副院长（正处级）。

1月30日，学院成立新冠肺炎疫情防控工作领导小组，负责领导全院疫情防控工作。

受新冠肺炎疫情影响，2019—2020学年第二学期课程采用网上授课方式进行，全院共有42门本科生课程和30门研究生课程进行网上授课。2月17日，学院开展线上教学的第一天，共有9门本科生课程和5门研究生课程顺利开课，总体教学秩序井然。

2月23日，全国高校思想政治工作网刊发题为《厦门大学：打好"五招"组合拳 打赢疫情阻击战》的文章，深入介绍我院开展新冠肺炎疫情防控工作的做法和成效。

2月26日，学院召开"不忘初心、牢记使命"主题教育总结视频会，全面回顾、总结我院主题教育开展的情况和成效，部署巩固和扩大主题教育成果。

3月24日，学院召开干部任免大会：张明智同志任环境与生态学院党委委员、书记；陈光同志不再兼任环境与生态学院党委委员、书记职务。

4月15日，学院第二届教职工代表大会第三次会议顺利召开。大会听取学院2019年工作报告及2020年工作计划、2019年财务报告及2020年财务预算、

2019年公房收费情况、《学院关于发展和完善本科教学管理的若干意见》等，审议通过了《环境与生态学院教师工作量考核办法》《环境与生态学院教师公共服务管理办法》。

注：大事记截至2020年4月。另，本书涉及的有关统计数据，除特别标注外，一般均截至2020年4月。